客户成功

增长最快的职业
如何推动公司成长

经理职业发展指南

[美]
阿什温 · 温德雅南桑Ashvin Vaidyanathan
鲁本 · 拉巴戈 Ruben Rabago
著
鲍荟伊 · 译

電子工業出版社
Publishing House of Electronics Industry
北京 • BEIJING

版权贸易合同登记号　图字：01-2020-4634

图书在版编目（CIP）数据

客户成功经理职业发展指南：增长最快的职业如何推动公司成长 /（美）阿什温·温德雅南桑（Ashvin Vaidyanathan），（美）鲁本·拉巴戈（Ruben Rabago）著；鲍荟伊译. —北京：电子工业出版社，2022.1

书名原文：The Customer Success Professional' s Handbook：How to Thrive in One of the World' s Fastest Growing Careers—While Driving Growth For Your Company

ISBN 978-7-121-42177-8

Ⅰ. ①客… Ⅱ. ①阿… ②鲁… ③鲍… Ⅲ. ①企业管理－销售管理－手册 Ⅳ. ① F274-62

中国版本图书馆 CIP 数据核字（2021）第 209867 号

责任编辑：杨洪军
印　　刷：北京天宇星印刷厂
装　　订：北京天宇星印刷厂
出版发行：电子工业出版社
　　　　　北京市海淀区万寿路173信箱　　邮编100036
开　　本：720×1000　1/16　　印张：13　　字数：215千字
版　　次：2022 年 1 月第 1 版
印　　次：2023 年 11 月第 4 次印刷
定　　价：72.00元

凡所购买电子工业出版社图书有缺损问题，请向购买书店调换。若书店售缺，请与本社发行部联系，联系及邮购电话：（010）88254888，88258888。

质量投诉请发邮件至zlts@phei.com.cn，盗版侵权举报请发邮件至dbqq@phei.com.cn。

本书咨询联系方式：（010）88254199，sjb@phei.com.cn。

推荐语

在20世纪迎来的互联网时代中，产品仍然是王道，一切都围绕着产品经理。今天，我们处于客户至上的时代，客户为王，一切都得围绕着客户成功经理（CSM）。这是一种新的角色，这将使得《客户成功经理职业发展指南》在全球范围内成为一本及时和受欢迎的书籍。这本书内容全面、准确，饱含知识，是任何担任这一职务、管理客户成功经理或即将进入这个职业人士的必读内容。

——杰弗里·摩尔，硅谷战略与创新咨询专家，畅销书《跨越鸿沟》的作者

商业成功=客户成功。当企业意识到这个事实时，他们会想要这本手册！

——特雷斯·塔克，BlackLine创始人兼首席执行官

Gainsight无疑是客户成功的思想领袖。这本指南会教你如何规模化开展客户成功，提高客户净推荐值评分和客户留存的营收，并在竞争中脱颖而出。客户成功应该是一门科学，而不仅仅是一门艺术。这本手册会帮助你意识到这一点。

——杰森·M.莱姆金，SaaStr创始人兼首席执行官

大家都同意客户成功对每家公司都是有价值且可盈利的目标，可惜执行问题会对其形成阻碍。执行的核心是客户成功经理。本书最全面地讲述了要成功地大规模实施客户成功的关键步骤。特别是对于客户成功经理来说，这本书不仅说明了需要做什么，而且说明了如何做和为什么要做。阿什温和鲁本将来自Gainsight的丰富经验和业内一些顶级客户成功高层的重要见解结合在一起，写出了一本应该出现在每一位客户成功专业人士心里和办公桌上的书。

——J.B.伍德，TSIA总裁兼首席执行官

想象一下，拉姆齐、凯勒、杜卡斯、波登、布鲁门撒尔（译者注：均为世界名厨）合著了一本《成为厨师的终极指南》。这些当代客户成功运动的先锋就像这样，帮助崭露头角的客户成功从业者们赢得“厨师帽”。这本可靠的“烹饪指南”为业务增长中最重要的“菜谱”之一——客户成功组织而生。

——杰·西蒙斯，Atlassian总裁

《客户成功经理职业发展指南》是各个层级的客户成功经理从业者的必读书籍。以客户为中心应该是公司总体战略的关键组成部分。企业逐渐认识到这一点，因此客户成功经理在各行业的影响力也在不断增强。这本独一无二的指南来自该领域的顶尖专家，旨在为从业者提供可执行的见解和建议，以帮助他们推动公司的发展并获得自身职业的成功。这是面向客户的专业人士必读的书！

——亚米尼·兰根，Dropbox首席客户官

客户成功是任何订购业务的关键组成部分。这不仅关乎技术，还关乎如何确保用户和公司从你的产品中获得持续的商业价值。许多组织正在努力定义如何最好地做到这一点。阿什温和鲁本做了一份令人难以置信的工作，他们将带领你一步一步地定义并建立一个成功的客户成功团队。对于任何期待理解客户成功在订阅经济中所发挥的关键价值的创始人、首席执行官、企业高管和客户成功专业人士来说，这是必读的书。

——克里斯蒂娜·科斯莫夫斯基，Slack副总裁，客户成功全球主管

阿什温和鲁本为在客户成功领域工作的人——或者实际上任何与客户打交道的人提供了不可错过的内容。部分公司固守过去，仍在寻找在客户关系中使人变得自动化的方法。而那些将赢得下一个商业时代的公司知道，由技术驱动的人将永远处于关系的中心位置，这个人就是客户成功经理，这本独一无二的指南中包含要赢得长期客户所需要的内容。

——尼克·梅塔，Gainsight首席执行官，《客户成功》共同作者

《客户成功经理职业发展指南》是非常重要的资源，能够帮助那些身处客户成功领域，或试图更好地理解它的人。阿什温和鲁本在这个领域摸爬滚打，并肩作战，他们了解客户成功的必要性和挑战。客户成功团队和客户成功经理职能对你的企业长期成功至关重要，所以这是一线实际工作者和领导层的必读之书。

——丹·斯坦曼，Gainsight欧洲、中东和非洲地区总经理，
《客户成功》共同作者

客户成功将爆发式地增长为未来十年最令人兴奋和最有回报的职业之一，我们需要为客户成功专业人员提供权威的指南。《客户成功经理职业发展指南》用从业者的专业见解，和该领域两位知名专家（阿什温和鲁本）所拥有的令人惊叹的思想领导力来满足这一需求。这不仅是提供给客户成功从业者，也是任何希望建立以客户为中心的团队的人士的必读之书。如今客户面临着过多的选择，他们在决定与谁建立长期合作关系的过程中处于主导地位，因此建立以客户为中心的团队是企业兴旺发展的关键。

——文迪·C.斯特吉斯，Yext Europe首席执行官

在这个以客户为中心的数字时代，《客户成功经理职业发展指南》不仅适用于面向客户的团队。从产品团队和开发人员，到市场营销机构和销售部门，每个人都将洞察客户的想法，从而能够做出为客户带来更好结果的决策。

——亚伦·莱维，Box首席执行官兼联合创始人

多年来，人们一直试图抓住客户成功和客户成功专家角色的本质。阿什温和鲁本的《客户成功经理职业发展指南》旨在为客户成功经理、客户成功专家和高层的日常工作提供专业指导。在我从事客户成功行业的多年中，这是第一本包含了一切为取得成功所需的有价值信息的书。

——瑞秋·奥斯顿，BetterCloud首席客户官

《客户成功经理职业发展指南》是SaaS行业中每一位面对客户的专业人士的必读书。无论你的角色或业务处于哪个阶段，当你着手规划和实施客户成功时，这本书必须在手边。正如作者热情地指出的那样，客户成功既是一种关键的思维模式，也是一项团队运动，他们在这本指南中加入了许多可以在团队中实施的优秀实例和模型。作为一个把整个职业生涯都聚焦在客户成功上的领导者，我受到了新的鼓舞，来将新的想法立即付诸行动。

——克里斯·康帕拉托，Toast首席执行官

随着全球经济从根本上向订阅经济转变，客户成功领导者的角色对于保护和拓展你的客户群体，进而建立在品类和市场中的领导地位至关重要。无论你是一位想实现更加以客户为中心的业务转型的首席执行官，还是首席客户官，或者是有抱负的客户服务主管，这是一本必读的书！

——阿贾伊·阿加瓦尔，Bain Capital Ventures合伙人

序言

1999年，我加入了一家位于旧金山的初创公司，这家公司有一个另类的想法，就像亚马逊在线上卖书一样，它可以通过云卖商业软件。不用说，我的朋友们都认为我疯了。尽管看起来很疯狂，我还是投入了新的冒险。我是Salesforce的第13名员工，也是该公司招聘的第2名销售人员。

我很快意识到，在云计算中做生意需要完全不同的思维模式。Salesforce创建的订阅模式的本质使得，如果客户觉得他们没有从我们提供的客户关系管理技术中获得价值，很容易就会离开。那时没有定义和主导软件行业预置解决方案的长期、绑定的合同。我们知道，如果我们的续费率朝着错误的方向发展，Salesforce将无法生存太久。

从早期开始，我们看到续费率朝着错误的方向发展，便知道我们需要从根本上改变与客户的互动方式。我们很快明白，我们的成功与客户的成功密不可分。我们必须找到更好的方法让他们成功。

那次危机实际上帮助我们专注于为客户解决问题，反过来，我们创造了一个新的岗位。Salesforce创建了一个特别专注于确保客户从使用我们的产品中获得最大价值的角色。

这个角色就是客户成功经理（CSM）。

从那时起，我们创建了一个客户成功团队。他们的全部工作就是解决客户的担忧，帮助客户更好地使用我们的技术，收集关键的反馈信息，以便我们改进产品。这些人有专业知识、解决问题的能力和沟通技巧，他们成为客户值得信赖的顾问。

如今，我们的客户成功经理骨干已经成为客户成功团队的重要组成部分，该团队拥有7000多名员工，致力于推动公司15万名以上客户的成功。所以，当阿什温和鲁本第一次告诉我他们在写一本关于客户成功的新书时，我期待写作内容能专注于客户成功经理在推动增长、增加留存和减少流失方面所扮演的重要角色。他们都是完美的专业人士，都知道在这个数字化转型的时代如何实现客户成功的第一手信息。

我很兴奋地看到，他们超出了我的预期，为全球各地的客户成功经理们提供了权威的工作手册。《客户成功经理职业发展指南》解释了如何进入这个快速增长的职业，并描述了要成为真正伟大的客户成功经理所需的核心技能。这本书还探讨了客户成功经理如何实现成功，以及企业如何吸引和留住客户成功的顶级人才。

这本书是一个全面的总览，我相信它会吸引，从初级从业者到首席客户官，每一个在职业生涯不同阶段的客户成功经理。

布莱恩·米勒姆

Salesforce 全球客户成功总裁

目 录

第一部分 什么是客户成功？为什么客户成功是一种伟大的职业？

第二部分 优秀客户成功经理的核心技能

第三部分 将客户成功付诸实践

第四部分 让最优秀的客户成功经理留下来并不断成长

第一部分

什么是客户成功？为什么客户成功是一种伟大的职业？

种方法。客户成功专家也并不是对现有职位的重新命名。客户成功是一种新的思维模式，而客户成功经理的角色就是这种思维模式的代表。

大家都知道，客户成功已经成为一个公司增长引擎的关键因素。Redpoint的风险投资家、SaaS性能专家汤马斯·通古斯（Tomasz Tunguz）在他的博客中总结了他在一场研讨会中发表的结论。他说："客户成功是通过增加收入增长，减少资本需求，开发更好的产品，从而留住更多的客户来改变SaaS公司。"[8]客户成功运动的萌芽可能始于SaaS和订阅模式，但它正开始渗透到几乎每个行业和业务部门。[9]

Adobe就是一个很好的例子，他们充分利用功能和数字的转型专注于打造客户的业务，从典型的传统软件交付方法转变为基于订阅授权的模式，其结果是惊人的。《旧金山纪事报》（*San Francisco Chronicle*）的托马斯·李（Thomas Lee）在2017年的一篇文章中捕捉到了Adobe的复苏，他写道："Adobe曾被斥为'过时的盒装桌面软件时代遗迹'，但在短短3年时间里，它已转变为一家为其他大型企业服务的云计算公司。"[10]

这一大胆的举措使Adobe能够更快地扩展规模，并为其业务和客户提供更大的灵活性，从而使其平台产品的使用量显著增加（图1.1）。当然，他们有一个了不起的客户成功团队，助推了这种增长！2019年3月27日，Adobe首席执行官山塔努·纳拉延（Shantanu Narayen）在Adobe峰会上发表主旨演讲时指出："订阅模式将客户体验置于首位和中心。我们成为一家拥抱永远在线的数字业务的公司，为客户提供源源不断的创新，每一天都致力于开发客户的业务和建立信任。"[11]

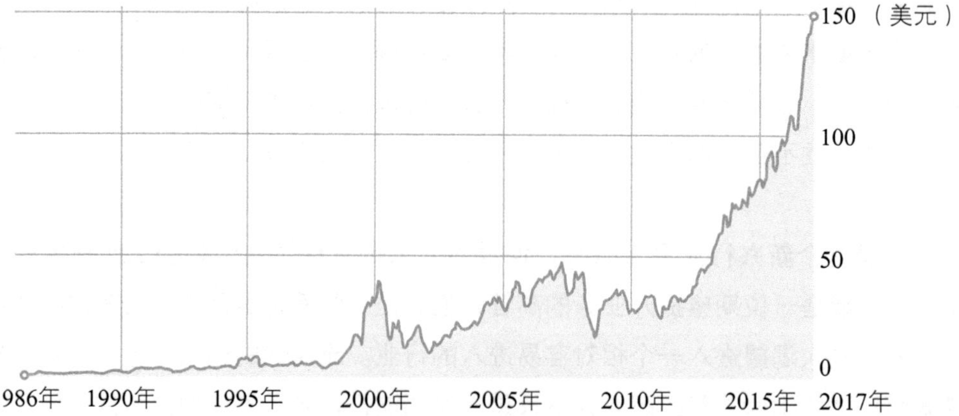

图1.1 Adobe的增长

Splunk的首席客户官约翰·萨比诺（John Sabino）也认同客户成功与业务成功之间的关联。作为客户成功行业的巨人，约翰有着令人印象深刻的履历，包括在GE Digital和NBC环球公司担任高层领导职务。但真正促使我们邀请约翰分享他对这个话题的想法的，是他促进跨职能的卓越自始至终的决心和他对客户成功的关注：

> 最成功的公司将是那些重视创造企业文化，专注于在所有运营和流程中为客户提供可扩展价值的公司。首席执行官和他们的商业领袖必须"专注于客户的成功"，并适当地计划和分配资源到这一功能领域，以便在一个常常不确定的宏观经济环境中保持他们现有的客户基础并增加收入。
>
> 就其本质而言，客户成功迫使执行团队从客户的角度来看待产品和服务。这样做使得客户成功可以帮助公司从客户的角度来进行创新。最终，如果没有这种"以客户为中心"的观点，公司就会把资源浪费在那些不能产生客户价值的能力上，而且它们会让公司面临风险，在未来的市场中变得无关紧要。

客户成功是一种真正的职能，它正在创造实际成果，有着令人难以置信的前景，它的未来只会越来越光明。人们针对这种显著增长趋势的好奇甚至反映在谷歌上对短语"客户成功经理"的搜索增长趋势上（图1.2）。[12]

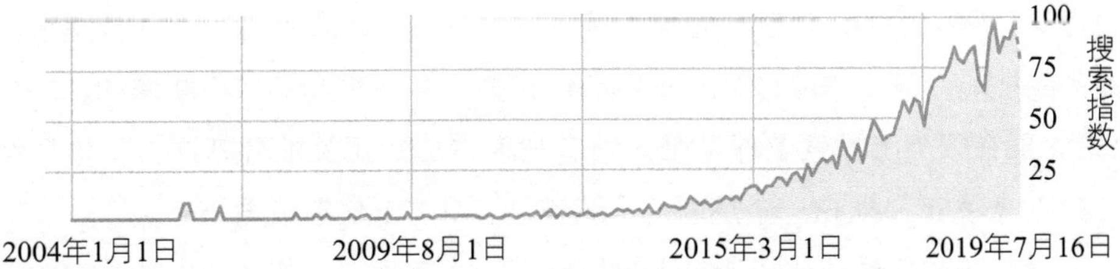

图1.2 谷歌上搜索"客户成功经理"短语的增长趋势

客户成功经理角色通常从员工中选择，而不是让员工选择成为客户成功经理。可以百分百肯定的是，没有人在成长过程中梦想着成为一名客户成功经理。同样可以百分百肯定的是，你从大学毕业的时候也没想过成为一名客户成功经理。直到2017年，甚至还没有一门大学级别的课程涉及这个话题。旧金山大学的维贾伊·梅赫罗特拉（Vijay Mehrotra）博士为MBA学生启动了一个职业加速器项目，其重点是客户成功和商业分析。大约一年后的2018年秋季，布莱恩·霍赫斯坦（Bryan Hochstein）博士在阿拉巴马大学开设了一学期的研究生课程，专门以客户成功经理为主题。有一些教授已经开始在课程中引入客户成功的概念，比如波尔州立大学市场营销学副教授德瓦·兰加拉扬（Deva Rangarajan）博士。你还应该看到从2020年开始，客户成功开始出现在学术文章中。毋庸置疑的是，越来越多的大学和学院会跳上这艘飞驰的宇宙飞船，使他们的学生为这个蓬勃发展的职业做好更充分的准备。

无论你现在身处何处，客户成功已经来到你的面前。如果你是负责公司的客户成功计划的主管，你可能还在努力弄清楚如何最好地搭建团队，以确保所有客户都得到适当的覆盖和关注。正确的客户成功经理与客户比例是多少？我该如何阻止优秀的客户成功经理离开？对于客户成功经理来说，晋升和职业发展的最佳实践是什么？最好的薪资激励模型是什么？

如果你是一名客户成功经理，不管是出于主动选择还是偶然进入这个领域，请相信自己是幸运的。如果你能够获得成为一名优秀的客户成功经理所需的技能和最佳实践，那么你将有可能在该领域拥有一个长期且有回报的职业生涯。更重要的是，你的技能和经验可以极大地转移并应用到许多其他的商业领域。以本书的两位作者为例，一开始我们都是Gainsight的客户成功经理。和我们一样，我们的许多同行都在产品管理、市场营销、销售、销售顾问和工程技术、团队成功或人力资源、业务发展、运营、领导力等领域加速精进。作为客户成功经理所获得和提升的技能，可以作为每个新职能的催化剂，并且机会还在不断增加。2019年6月，如果在领英上搜索全球范围内所有与客户成功相关的公开岗位，搜索结果是153 654条发布日期在一个月内的招聘信息，其中30%在美国以外。[13]

根据创新客户成功公司Gainsight的首席执行官尼克·梅塔（Nick Mehta）的说法，“五年前我们甚至无法推测出SaaS和云技术的快速发展能够为我们带来的机遇，如同客户成功经理角色，迅速成为最炙手可热的职业之一”。[14]尼克说得对！行业数据和世界上最成功的公司都认同这一点。

2017年7月3日，微软宣布了一项重大的结构改革，即引入了一个新的客户成功团队。这是对微软首席执行官萨蒂亚·纳德拉（Satya Nadella）四年前宣布进军云计算的大胆举措的最终回应。在加利福尼亚州湾区举行的2018年Pulse大会上，微软全球客户成功副总裁约翰·杰斯特（John Jester）向5000多名客户成功专业人士讲述了这个故事。杰斯特特意提到，这个从0开始的客户成功团队在大约一年的时间里发展到了1700多人，而这仅仅是个开始。值得注意的是，这些资源是不收费的——它们是微软有目的性的投资，以确保他们的客户从微软不断增长的云服务中成功获得价值。杰斯特接着引用了微软首席财务官艾米·胡德（Amy Hood）的话说："客户成功已经与微软庞大的云业务难舍难分……因为说到底，在一个以消费为基础的企业里，客户成功才是最重要的。"[15]

另一家向客户成功倾斜的世界级公司是思科（Cisco）。根据道尔2018年3月8日题为《客户成功计划有助于思科合作伙伴的经常性收入增长》的报告，思科客户成功高级副总裁斯科特·布朗（Scott Brown）说服首席执行官查克·罗宾斯（Chuck Robbins）和高管团队在公司范围内投入客户成功计划。报告称，布朗希望"在项目和工具上花费1亿美元，并雇用500名新员工以确保他们的成功"[16]。在那之后不久，思科在客户成功方面做出了更令人印象深刻的举动，它聘用了Salesforce前总裁兼全球客户成功团队负责人玛丽亚·马丁内斯（Maria Martinez）。[17]

证据就在那里，数据就在那里，例子就在那里。不要等待更多的证据来说服你让客户成功成为你的公司或团队的一部分，或说服你跳进这个行业。有足够多的证据表明，这将为你的业务和自己带来好处。如果你是一名有经验的客户成功经理，并希望在事业上有更大的发展，请抓住每一个机会来提升你的技能。你可以考虑参与客户成功认证或相关技能培训。无论你在哪一个阶段，你已经在恰当的时间从事客户成功，这本书可以作为你下一步前进的指南。

现在，让我们来探索帮助成就客户成功经理角色的职能缺失。了解这段简短的历史将有助于你更好地理解任何现存的偏见。它还将揭示客户成功经理对客户和公司成长的影响。

客户至上的时代

2004年，随着计算开始从分布式计算向"云"和"软件即服务"（SaaS）的概念转变，硅谷面临着越来越大的压力。随之而来的是订阅商业模式时代，这种模式将一次性的大笔预付切分成年度或月度支付。云计算、SaaS、大数据、社交媒体、谷歌搜索以及移动设备的大规模迁移等技术趋势，使得企业无须与客户签订长期合同就可以更方便地为客户提供产品和服务。从交易型经济（销售产品）到订购型经济（需要能产生复购的客户）的变迁，带来了权力从企业转移到客户手中，特别是从软件供应商转移到软件买家手中的巨大转变。基于订阅的解决方案这一关键转折对软件行业产生了重大影响，至今仍在产生绵延不绝的回响。

在Zuora 2019年3月的订阅经济指数™年度分析中，首席数据科学家卡尔·戈尔德（Carl Gold）指出："订阅业务的销售增长显著快于两个关键的公开基准——标准普尔500指数和美国零售指数。总体而言，SEI数据显示，2012年1月1日至2018年12月31日，订阅业务的收入增长速度大约是标准普尔500指数（18.1% vs 3.6%）和美国零售指数（18.1% vs 3.8%）的5倍。"[18]（图1.3）

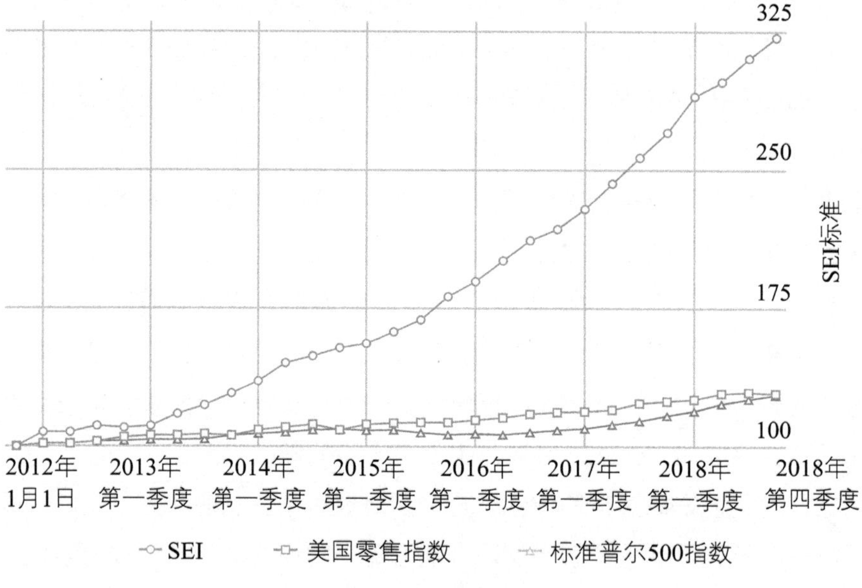

图1.3 订阅经济指数

像Salesforce这样诞生于云端的公司由于新的订阅模式而蓬勃发展，这是因为一个关键的度量标准——客户生命周期价值（简称LTV）——在本质上就像年金一样反映了反复出现的收入。它是一个你会想要实现最大化的滞后指标。从一开始，Salesforce就一直是世界上通过这一指标获利最多的公司。他们目前的市值为1217.1亿美元（图1.4），这从根本上催生了客户成功运动。可以明确地说，Salesforce将客户引入到买方–供应商生态系统中心的创新方法，以及由此带来的财务上的成功，催生了一个全新的职业：客户成功经理。Salesforce在客户成功中的关键作用在《客户成功：创新型公司如何减少客户流失和增加经常性收入》的第一章中得到了很好的总结。[19]最初马克·贝尼奥夫（Marc Benioff）和Salesforce的其他创始人很高兴地发现，他们在公司成立仅4年时间里就获得了近2万名客户。主要的驱动因素是较低的单用户单月的订阅价格，相比较而言，公司购买传统企业软件的永久许可证通常需要大量的前期成本。尽管他们在吸引新客户方面取得了成功，但Salesforce仍在以每月8%的速度流失客户。这意味着每年有96%的客户流失。低的“消费者模式”定价意味着客户不会像以前那样承诺，或者更确切地说，不会“绑架”大量的软件费用投入。换句话说，如果他们没有从所期望的服务中获得所有的价值，放弃所带给他们的痛苦要小得多。这个新行业似乎正在流血，高管们正急于避免大量客户流失带来的崩溃。以超过失去客户的速度获得客户并不是一个成功的获胜策略。

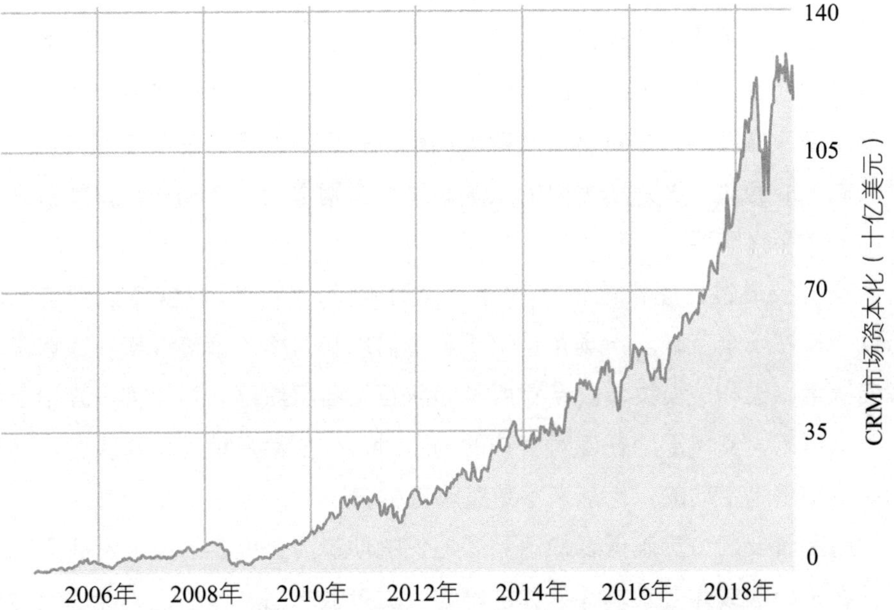

图1.4　截至2019年6月21日Salesforce的市值（插图源自Microtrends[20]）

商业规则已经改变了。对于公司来说，仅仅获取一张大金额的订单然后忘记客户并继续前进是不够的。仅仅让客户使用你的产品或服务是不够的。仅仅让客户登录到平台也是不够的。他们是否按照你的设计来使用你的产品也不重要。你必须让你的客户通过使用你的产品或服务在整段时间周期——客户的生命周期内获得成功。订阅业务必须始终如一地“销售”给同一客户，而不是一次性销售，否则他们将取消订阅。

突然之间，你提供给客户的友好、即时的800技术支持电话也不能满足客户需求了。客户希望在购买后立即看到他们所订阅的产品的价值。客户还希望你提供最佳实践，以及关于使用解决方案的策略和技术建议。

如果你不能，或不愿将重心转向让你的客户获得成功，那么很有可能他们已经在与另一个热切且更灵活的竞争对手进行接洽。现在只需点击一下鼠标就能切换到另一个产品，再也没有客户忠诚度了。一切都变成了买家、消费者、客户、决策者的利益。

缺失的重要职能

在研究如何阻止客户离开的过程中，负面中出现了正面：它不仅创造了一种新的哲学，而且创造了一个新的角色。这时，客户留存成为SaaS世界的中心。通过客户对解决方案的大量投资来挟持他们留下的日子已经一去不复返了。当软件公司转向云服务时，客户所需要的只是通过一个网页浏览器和一台计算机来操作他们新的数字化购买。

对于主要通过订阅模式销售软件的公司来说，他们很快就意识到自己的运营行动中存在一个空缺。市场营销忙于创造需求和合格的销售线索。销售部门忙于销售渠道跟进和成交关单。专业服务团队正忙着组织培训并让客户开始上手使用。一直以来，支持部门在应对客户的问题时，往往都是被动地解决客户所提出的问题，很少是主动的，也从来不是策略性的。

没有哪个部门负责确保客户达到了他们的期望。更重要的是，没有人真正负责确保客户持续成为客户，并从你这里购买更多的产品。他们绝不会成为你公司的狂热粉丝，绝不会在他们的社交媒体上自发地宣扬你的伟大、你的前景和你所在的行业。

这种角色上的差距是客户成功角色的开端。它创造了一个新的商业准则：

客户的成功直接与公司的成功联系在一起。这种基于订阅定价的新时代，对董事会、高管和运营主管施加了越来越大的压力，要求他们在最初的销售之后不再为此沾沾自喜。他们再也不能保证那些一次性投资了5~10年的软件费用即数百万美元的付费客户，会一直留下来。像Salesforce一样，这个行业使你意识到靠走老路不再能够获得成功。成功获取新客户真的花费不菲。根据KBCM技术集团2019年的SaaS调查结果，获得1美元新客户的年度经常性收入（ARR）的成本为1.34美元，而从现有客户获得扩展收入的成本仅为50美分（图1.5）。[21] 换句话说，投资于客户留存和扩展计划，比如客户成功，本质上是一种更有效地获得新收入的投入。

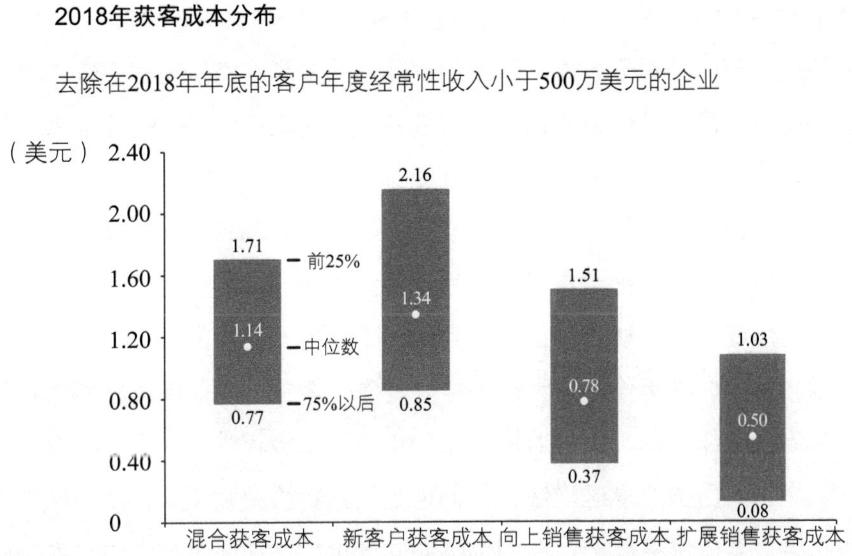

图1.5 收入成本

SaaS行业意识到了这些直观的现实。他们中的一些人认识到了。还有许多人忽视了这些对他们不利的信号。当客户成功角色首先开始演变，一些人将其视为一种短暂的风潮，缺乏明确的责任和纪律。也许这只是一种账户管理的形式？也许这只是客户服务和支持的一部分？然而，越来越多的企业正从他们的客户成功团队和影响力中获益。客户成功不仅通过培养客户关系和为客户创造价值来留住客户，还通过现有的客户基础创造了不断增长的收入——而且所花费的成本只是获得新客户的一小部分。市场开始注意到这一点，客户成功的作用也随之发生了变化。越来越多的证据显示，客户成功经理的努力正在发挥作用。的确仍然有怀疑者把它当作一种流行趋势。然而，备受尊敬的机构和出版物正在发表研究成果和文章，来说明客户成功不仅是必要的，而且是成功的。

2015年10月，《哈佛商业评论》（*Harvard Business Review*）发表了一篇名为“智能互联产品如何改变公司”的文章。作者迈克尔·E.波特（Michael E.Porter）和詹姆斯·E.赫伯曼（James E.Heppelman）提出了传统软件商业组织图的第三个单元——客户成功管理的角色。这个部门位于IT、研发、生产、营销、销售、服务和支持之下。它确实位于组织图的底部。然而，它负责发展和创造与客户的关系，以改善客户体验，指导他们如何与产品互动，并创造客户留存和续费。波特和赫伯曼认为客户成功经理提供了一种必要的职能。他们甚至宣称，客户成功部门“对于智能、互联的产品至关重要，特别是对于确保产品即服务模式的续费来说”。他们还指出，“客户成功经理部门并不一定会取代销售或服务部门，但主要为售后的客户关系负责”[22]。

云计算已经诞生20年了。从客户成功出现并拯救SaaS行业到现在已经有十年了，人们仍然没有看到把客户成功视为一种角色或一个团队的价值。对许多人来说，尽管它所履行的职能是销售和服务团队不会也不能做的，但将它作为组织图上一个独立的实体来运作还是为时尚早。首先，客户成功需要关注那些销售部门不希望看到的业绩指标，比如监控产品使用情况、检查性能数据，并跟踪客户价值。即使销售人员被要求这样做，他们也是受到物质激励驱动，从而忙着寻找新的销售机会。至于服务部门，他们也不倾向于承担这种通过日常面对客户的方式来构筑宣传和信任关系的职责，因为他们有“履行清单”的心态，更愿意寻找新的基于交易的服务来售卖。

有趣的是，波特和赫伯曼确实提出了跨组织整合的需要。他们认为这是必要的。他们还提出，在公司内部建立一致性对客户来说是不可或缺的。这种一致性必须符合公司的商业计划和战略。他们认为各职能部门应该协调和管理产品生命周期中的关键交接。所有这一切都是为了“捕捉来自一线的反馈，从而（可能）改善流程和产品”。然而，他们并没有完全设想出谁应该领导这种整合，谁应该从中受益——客户成功从未被认为是将内部整合在一起的可能的“黏合剂”。

波特和赫伯曼的意图是好的，但他们还未能领悟到更本质的问题所在。他们的观点严格地指向如何让商业成功，那么如何让客户成功呢？

客户成功经理的诞生

与此同时，客户成功团队正在改变与客户互动的方式。客户成功团队在组织中的位置并不重要。他们对公司产生了惊人的影响。过去，企业严重依赖客户调查和呼叫中心来收集关于产品使用的信息，以试图确定客户关系何时处于不稳定状态。当出现问题时，公司通常会听取客户的意见——而等到采取行动时往往为时已晚。这种方法过于依赖滞后指标。慢慢地，公司看到了早期干预和客户健康早期指标监测的必要性，甚至可能需要主动发起调查。客户成功的运营态势日趋成熟。

为了帮助公司监控客户从产品的使用中获得的价值，有公司开发了新的软件平台和产品。它所生成的数据可以传达客户体验相关的信息，揭示关于产品采用和性能、客户偏好和客户满意度的真实情况。有了这种意识和建立的联系，就可以防止客户流失。这些领先的客户健康指标还可以揭示客户可以在哪些方面从额外的产品功能或服务中受益。所有的一切都指向客户留存、续费和增长的收入，这主要来源于熟练的客户成功经理的直接介入。

在波特和赫伯曼的文章发表的同一年，Gainsight的2015年Pulse大会召开了。会场成为SaaS和客户成功领域的专家分享他们的想法、见解、发现和预测的地点。SaaStr创始人兼首席执行官杰森·M.莱姆金（Jason M. Lemkin）宣布："客户成功是90%收入的来源。"也许别人也会这么说，但莱姆金说得尤为响亮。他所讲的内容来源于知识，又饱含经验。

莱姆金在七年内将EchoSign公司的收入从0发展到年度经常性收入（ARR）达到1亿美元。不久之后，它被Adobe收购。莱姆金将此归因于他在客户成功上的巨大投入。《福布斯》（*Forbes*）杂志发表了一篇文章，名为"客户成功：初创企业超高速发展的秘密"，其作者艾力克斯·麦克拉夫蒂（Alex McClafferty）宣称："客户成功这个词可能听起来像一个新的硅谷流行词，但是对SaaS先锋如莱姆金，以及Box、Atlassian等公司来说，客户成功意味着失

SaaS Companies, citing 2015 Pacific Crest Survey of Private SaaS Companies,

7. Miller, M., Vonwiller, B., Weed, P., and McKinsey & Company (2016). Grow Fast or Die Slow: Focusing on Customer Success to Drive Growth.

8. Tungunz, T. (2014). The 4 Challenges Facing Customer Success Teams in SaaS Startups, 15 May 2014.

9. Atkins, C., Shobhit, G., Roche, P., and McKinsey & Company (2018). Introducing Customer Success 2.0: The New Growth Engine, January 2018.

10. Lee, T. (2017). Adobe's remarkable transformation, from Photoshop to cloud. *San Francisco Chronicle* (22 July 2017).

11. Birmingham, A. (2019). Adobe CEO, Shantanu Narayen, explains why the company had to transform. *Which-50* (27 March 2019).

12. Google Trend Search (2019). 20 June 2019.

13. LinkedIn.com (2019). 20 June 2019.

14. Gainsight (2019). The State of the Customer Success Profession 2019, May 2019.

15. Gainsight (2018). How Microsoft Is Building the World's Largest Customer Success Team, 19 April 2019.

16. ChannelFutures (2018). The Doyle Report: Customer Success Programs Contribute to Rise in Recurring Revenue for Cisco, Partners, 3 March 2018.

17. Cisco, The Network, Cisco's Technology News Site (2019). Executive Biography, Maria Martinez, EVP and Chief Customer Experience Officer, 20 June 2019.

18. Zuora, Gold, C. (2019). The Subscription Economy Index™, March 2019.

19. Mehta, N., Steinman, D., and Murphy, L. (2016). *Customer Success: How Innovative Companies are Reducing Churn and Growing Recurring Revenue.* Hoboken, New Jersey: Wiley.

20. Microtrends (2019). Salesforce, Inc Market Cap 2006–2019 | CRM, 21 June 2019.

21. KeyBanc Capital Markets, Technology Group (2018). SaaS Survey Results – 10th Annual.

22. Porter, M.E. and Heppelmann, J.E. (2015). How Smart, Connected Products Are Transforming Companies, October 2015.

23. McClafferty, A. (2015). Customer Success: The Best Kept Secret of Hyper-growth Startups, May 2015.

24. Reichheld, F. and Schefter, P. (2000). The economics of e-loyalty. *Harvard Business Review* (May 2000).

25. Gainsight (2017). The Essential Guide to Company-wide Customer Success: Customer Success Maturity Model.

26. Miller, M., Vonwiller, B., Weed, P., and McKinsey & Company (2016). Grow Fast or Die Slow: Focusing on Customer Success to Drive Growth.

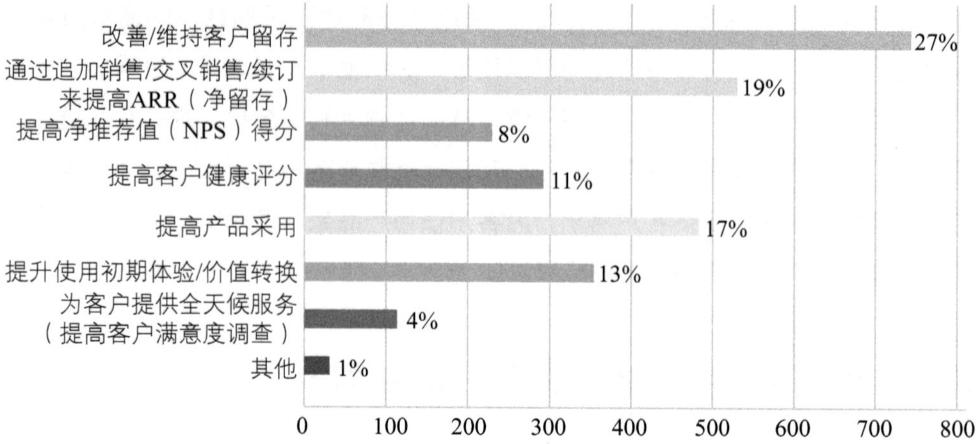

图2.1　Gainsight 2019年客户成功行业基准调查

令人惊讶的是，提高净推荐值（NPS）甚至不在前五名之列，而提高客户满意度几乎在末尾。让我们停下来想一想。尽管客户成功经理关心NPS和CSAT（客户满意度调查），但他们主要关注的是产生更高的客户留存率、收入增长和有所提升的产品使用情况。幸运的是，客户成功经理正处于推动这些目标实现的完美位置。

消费差距

J.B. 伍德（J.B.Wood）在他的《复杂性雪崩》一书中，尖锐地描述了当今科技公司面临的核心挑战，因此客户成功经理也面临着挑战。伍德说："如果你的终端客户不知道如何使用产品，或者他们不能让产品在他们的网络中运行，或者他们不能改变他们的业务流程来适应产品特性，那么产品对他们来说就没有什么价值。"[1]他继续解释道："产品能够提供给客户的价值与它实际提供的价值之间的差异，我们称之为'消费差距'（图2.2）。今天我们的最终目标是让客户和他们的业务从产品中获得全部价值。"

图2.2首先旨在指出产品提供的可能性，以及客户实际上是如何使用它的。假设你的客户越多地利用和使用产品来达到他们想要的结果，他们就越不可能离开。我们的目标当然是随着时间的推移来缩小差距。这个图的第二个推论是，你的产品开发团队正忙于开发新功能和产品优化，从而每次新产品发布都会拉大消

费差距。客户成功经理就在这个经常波动的消费差距内工作。

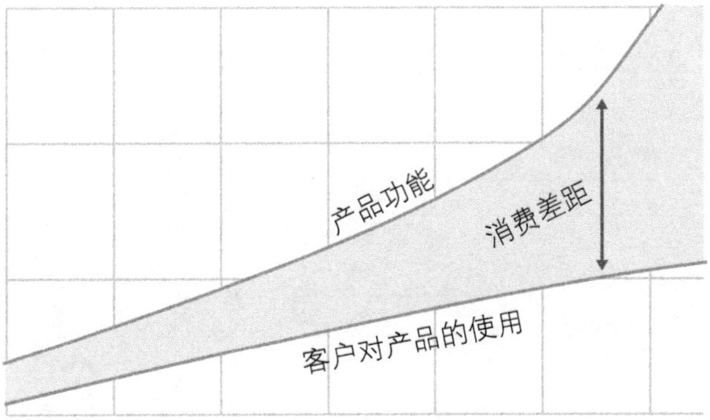

图2.2 消费差距（Wood，2009）

消费差距间的波动创造了许多机会。例如，新的产品功能通常能够为现有客户创建不同的、更好的应用场景，从而获得额外价值。如果新功能的定价与基本产品分开，同时也意味着新的追加销售和扩展机会。我们有这样一个建议：你应该一直为一家不断创新、不断挑战产品边界的公司工作。假设是这样的话，在一家快速发展和创新的公司担任客户成功经理，最具挑战性的方面之一就是跟上所有不断进步的产品性能。为了更好地服务你的客户，你必须非常了解你的产品。只有这样，你才能缩小消费差距，让你的客户和你的公司受益。

客户成功方程式

客户成功的信念是："只有你成功，我们才成功。" 当你通过帮助客户实现客户成果（CO）从而使他们了解参与整个计划的价值时，他们会更迫切地续费、扩展购买并拥护你。客户确实是你收入流中"沉睡的巨人"，使客户成功的努力完全有潜力创造一个从现有客户中培养出来的增长引擎。然而，客户成功只是成功方程式的一部分。客户体验（CX）是一个独立的领域，可以拓展快乐和满意的客户。但是如果快乐的客户没有得到他们想要的结果，会发生什么呢？

$$CS = CX + CO$$

客户成功是将客户体验与客户获得期望的成果结合在了一起。如果只有一个而没有另一个，结果就不是最优的。客户必须从你的产品或服务中获得价值。

客户成功与客户满意度无关。这不是为了取悦客户，而是通过美妙的体验来传递价值。

图2.3是一个2×2的图示，有助于形象地说明客户体验和客户成果之间的关系。

图2.3　客户体验与客户成果（Gainsight）

横轴（x轴）反映了交付结果对客户期望的影响，纵轴（y轴）显示了从客户视角来看积极体验的不同程度。就大多数2×2管理咨询图而言，你总是希望自己能处于右上角象限。在这个象限，你已经兑现了你的品牌承诺，帮助客户获得了他们想要的结果，并且在实现过程中给了他们很棒的体验。任何处于其他象限的客户都有流失的风险。

左上角象限是一个有趣的位置。它代表的客户与你的公司有良好的合作体验（如优秀的人员、出色的团队、容易共事，或高度及时的响应），但它未能交付客户期望的业务结果。处在这一象限的客户常常被错误地归类为“健康”。他们甚至可能在NPS的调查中给你9分或10分的高分。然而在这种情况下，情绪信号是一种“假阳性”。

同样地，在右下角象限的客户获得了他们想要的业务结果，但是他们与你的公司互动时没有产生积极的体验。虽然他们可能不会流失，但他们可能不会加强与你的互动。如果他们的体验很糟糕，他们就会开始与你的竞争对手接洽，这些竞争对手都声称可以提供同样的，甚至更好的结果，而且很可能花费更少的钱，但拥有更好的体验。

净推荐值（NPS）

净推荐值是一种大多数公司用来衡量总体客户满意度的核心测量方法。它显示了客户的健康状况和忠诚度。它也是未来产品采用和增长的领先指标或预测。你们中的大多数人可能通过网络、电子邮件、电话参加过一两次调查。调查的问题是："你有多大可能向朋友或同事推荐我们的产品？"答案是在0~10分的范围内打分。

打0~6分的，被认为是非常不满意的客户。这些人被称为"贬低者"（图2.4）。他们很容易流失，会通过与其他同事、客户或在网上分享自己的感受来阻碍公司的发展。贬低者会给你的品牌带来坏名声。

打7~8分的被称为"消极者"。这意味着他们是满意的，但不是完全认同你的产品。他们不认为你的产品有独特价值，而且容易受到竞争对手的影响，后者可能会给他们一个他们无法拒绝的报价。

给出9分和10分高分的是你的"支持者"。这些客户对你的产品很忠诚，很有可能会续订，或者购买更多。他们还会把你介绍给其他人。

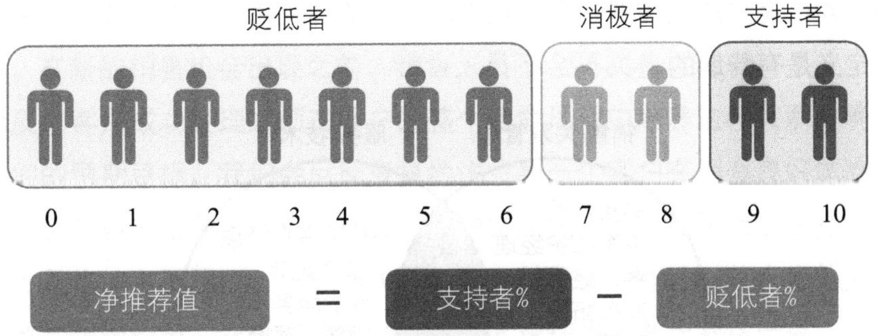

图2.4　客户满意度的快照

我们已经确定，你作为客户成功经理的目标是为客户交付他们期望的成果，同时提供卓越的体验。然而，在CS= CX + CO等式中缺少了一个利益相关者：你的公司。从客户成功经理的角度来看，客户留存和增加收入是客户成功团队的两个最重要的目标。因此，作为客户成功经理，你的考核指标很有可能是你所管理的客户群体带来的客户留存率和收入增长。简单来说，你必须让客户持续成为你的客户，并从你那里购买更多的东西。你不仅为客户，也为公司提供了成功的变

机会，去了解你的客户是怎么想的，以及他们是如何使用产品的，比起市场、销售、客户支持或产品部门来说，你的了解程度要深得多。因此，你会在公司内外变得炙手可热。对于真正高效和成功的客户成功经理来说，成长的机会非常多。我们已经看到或听说过客户成功经理进入各个部门——培训、市场、产品、分析、运营、咨询、专业服务、人力资源等。我们也看到一些客户成功经理非常乐意继续作为独立的贡献者，管理充满活力的客户池。

有技能的人会进步非常快，特别是在经验丰富的客户成功专业人才短缺的地方。这是纯粹的供求经济学。我们甚至知道一些人在相对较短的时间内从客户成功经理变成了首席客户官。当然，凡事都有另一面。客户成功的显性化与日俱增。在拥有成功的客户成功实践的公司内部，越来越多的人关注其职能，甚至是客户成功经理本身。如果你能接受这份工作随时会冷不丁地被首席执行官问起（不管情况是好是坏）“谁在负责这位客户”，那就没问题。这意味着这个职能的重要性日益增加。如果你是个有抱负的人，这是件好事。

需要说明的是，我们认为客户成功经理的角色可以很好地催生其他机会。在作为客户成功经理管理自己的一批客户后，我们都进入了不同的方向并走上了管理岗位。我们并不是因为不喜欢这个职位而离开它，相反，是对提升专业度、客户成功经理职能的热情，以及它对我们的客户和更大的客户成功组织的影响，促使我们追求相关的机会。因此问题就来了：“客户成功经理是一种职业，还是仅仅是一个通向真正的事业的跳板？”为了回答这个问题，我们询问了Box的首席客户官和行业领袖乔恩·赫斯坦（Joh Herstein），请他谈谈对这个问题的看法。

客户成功经理作为一种职业

乔恩·赫斯坦，Box首席客户官

自从客户成功时代的黎明开始，客户成功经理角色就随着SaaS的发展而成长和发展。虽然这一演变仍在进行中，但越来越明显的是，客户成功经理不仅仅是通往另一个职业目的地的中转站。

关于客户成功组织的一个关键问题是：“客户成功经理的确切角色是什么，以及如何定义、度量和评价这个角色？”由于这个行业的成熟度仍不算太高，因此这是一个具有挑战性的问题。另一个类似的问题也同样难以回答："这是一种职业吗？"

在我的公司里，我鼓励客户成功经理转换到许多其他职位，包括咨询、产品管理、销售和市场营销。虽然这种方法对个人和公司来说都是有价值的，但我还不确定，客户成功经理认为这是一种职业，还是一份通往"更好"的工作的跳板。

客户成功经理是一份有回报但富有挑战性的工作，需要许多复杂的技能有效地组合在一起，以及高度的韧性。当你担任客户成功经理的角色时，很多其他的工作看起来都很有吸引力。直接着手开发产品而不仅仅因它为客户道歉不是很有趣吗？如果我能和销售人员拿一样的薪水，还比现在少干点活呢？在市场营销中真的有最少喝两杯的规定吗？即使是客户成功运营，也可以利用我的客户成功经理经验中的好方法，而且不用整天与客户交谈！

对于一个公司来说，招募更优秀的管理者到公司的其他岗位上是完全有意义的。在负责开发、营销和销售产品的岗位上拥有深入市场、面向客户的人员，意味着更好的解决方案、产品与市场的契合，从而获得更满意的客户。另外，与招聘外部员工相比，有经验的客户成功经理的上手时间会更短。

那么，这当中有什么问题呢？这里有一种笼统的假设，即你不会希望长期担任客户成功经理。这种假设导致了我们努力培养和培育的人际关系的高流动率。这反过来又降低了我们与客户之间关系的深度，降低了我们对客户痛点和计划中业务成果的了解，从而降低了我们（作为客户成功经理）所为其增加的价值。所有这些都会导致客户问："为什么我在两年内换了三个不同的客户成功经理？"

然而，客户成功经理逐渐开始意识到，客户成功经理不仅仅是通往另一份更好的工作的工作。它也可以是一种职业。这并不是说，每个接受客户成功经理工作的人都将成为客户成功经理。尽管如此，在实现这一职业目标的客户成功经理中，始终会出现一组清晰的基本属性。他们对与客户建立长期关系很感兴趣。比起交易奖励（提成和奖金），他们更看重真正的客户成功。与此同时，他们希望自己的工作得到重视、奖励和认可，因此增加报酬和头衔很重要。他们在每次讨论中都能带来有价值的见解和“挑战者”思维模式，因此受到客户的尊重和信任。作为专业的客户成功经理，他们磨炼自己的技艺，在工作中能找到不同的模式，坚定自己代表客户的主张，并坚持自己与客户团队中专门负责销售和续费的同事是平等的。

当一个人具备了所有这些特质时，他们就可以面对更复杂、更有策略、更有价值的客户。因此，他们的收入潜力提高了，晋升成为“客户成功总监”和“客户成功主管”等成为常态，而不是例外。

虽然像产品管理、销售、咨询等职能在软件行业已经存在了几十年，但是客户成功领域仍然是相对较新的。现在是属于那些客户成功经理先驱者的，他们已经决定将成为客户成功经理看成他们的“使命”。他们将在订阅驱动的客户成功运动的前沿茁壮成长，他们将成长为（专业的）客户成功实践者的第一代高级领导者。今天的首席客户官来自不同的背景，但未来的首席客户官们几乎肯定是来源于客户成功经理，他们将利用自己作为专业客户成功经理得来不易的经验来管理自己的团队。

尾注

1. Wood, J.B. (2009). *Complexity Avalanche*. USA: State Point B Inc.
2. Mehta, N., Steinman, D., and Murphy, L. (2016). *Customer Success: How Innovative Companies are Reducing Churn and Growing Recurring Revenue*. Hoboken, New Jersey: Wiley.

第二部分

优秀客户成功经理的核心技能

3

客户成功经理的一天

我们已经讨论了客户成功的必要性和客户成功经理角色的目的。现在，我们想描述客户成功经理典型的日常工作。需要注意的是，客户成功经理可能会因为公司的要求而达成不同的指标和目标，这意味着他们的活动可能因公司而异。尽管如此，这些活动在所有建立客户成功团队的业务部门中有很强的共性。

将客户成功付诸实践

下面是你作为客户成功经理将会遇到的主要问题的概括。这是对客户成功专业人士的日常工作组成的真实一瞥，它具有一定的教育意义。即使你目前已经是客户成功经理，你可能会发现新的技巧，以及指导你如何度过一天的诀窍。诚然它并不全面，但它旨在捕捉在典型的一天、一周或一个月中，客户成功经理取得的最关键的里程碑。

客户成功经理的一天：

1．**在做其他事情之前先检查你的日历**。这是正确的。首先检查你的日程表，而不是你的收件箱。你的日历应该准确地反映出已经安排好的日程，这样你就会在开始一天工作之前把重要的预约铭记在心。这也是你重新安排那些不重要的会议的优先级的机会。

2．**回顾你的待办事项清单**。接下来你需要回顾待办事项清单，依然不要查看你的收件箱。首先列出一个清单，其中应该包括前几天推迟的事项、重要日期所触发的事件，比如客户到期续费、即将到来的业务汇报，以及任何今天需要注意的其他事情。

3．**检查你的收件箱（电子邮件、Slack或其他消息系统）**。当然，这属于个人偏好。无论如何，我们强烈建议你在查看完日历和待办事项清单后再查看你的消息收件箱。在打开收件箱之前，你将有更好的机会来调整你的优先级。你可能非常清楚，这些消息可能会被过度放大的“即时响应”的要求所影响，往往需要你立刻采取行动，即便它们本可以，也应该被再放置一段时间。当然，你可能还会发现由于客户或内部问题升级和其他影响，需要你重新安排一整天的工作。你需要小心谨慎并且管住自己。另一个建议是对自己花在阅读和回复消息上的时间进行限制。

4．**关注新客户**。在被分配到新客户的时候，你需要在初次接触他们之前和之后立即采取一些具体的措施。

- 使用即时通知系统（如谷歌快讯）订阅那些关于已分配给你的公司的推送。你对客户的各种情况了解得越多，你就越能更好地给他们提供建议。你还可以实时了解那些有潜在影响的新闻资讯，比如客户公司被收购了（这对客户关系来说是一种风险），或者客户收购了另一家公司（这是一个潜在的扩张机会）。
- 在客户关系管理（CRM）系统中更新所有已知的客户联系人，特别是电子邮件地址、电话号码和当前头衔，根据他们的角色、影响程度或决策能力来标记他们。
- 基于已知的客户联系人，绘制一张组织结构、汇报关系图。另外，你需要创建一个影响图，以显示所有已知客户联系人的决策链结构和连接点。在这一点上你要与销售人员合作。你需要花点时间在领英上，研究一下客户联系人和你公司内部的人都有什么样的关系。
- 在领英上联系你所有的客户。一定要给他们发条简单的私信。未来你会因为各种各样的原因需要这个渠道，包括寻找新的销售和扩展机会，了解你的客户的影响范围，偶尔为他们发布的帖子或评论点赞，来提醒他们你在关注他们。
- 从销售代表那里确定客户对你的公司的要求是什么。他们试图解决哪些业务问题？他们在实施时间表和可衡量的结果方面有什么期望？最终，你必须与客户验证它们是否达成，但是，陈述你目前的理解要比期待客户在完成商务流程后重复描述自己的需求好得多。

5．**进行有关价值的讨论**。每一次与客户的交谈都应该是一次价值讨论，这会帮助你的客户更接近他们想要的结果。其中可能包括分享最佳实践、对管理变革的策略提出建议、对客户进行现有产品或新产品特性的培训，或者深入研究使用你的产品所解决的特定业务挑战。让价值讨论覆盖你与客户的大部分实时对话或会议。

6．**制订客户成功计划**。客户成功计划是一种机制，用于捕获和跟踪你和客户之间达成一致的目标和时间表，以确保向客户期望的结果前进。我们将在第11

章更深入地讨论这个主题。

7．**高层业务汇报（EBRs）**。进行定期的业务回顾可以向客户表明，他们正在朝着与你共同定义的目标前进。你希望从一开始就建立这样一种惯例，即能够让你和公司与客户高管为了实现他们的最大利益而经常联系。在业务汇报期间要传递的最重要的信息是，你正在为客户的投资回报而努力。我们将在第8章中介绍更多关于业务汇报的内容。

8．**参与客户成功团队会议**。时刻为你参加的任何会议做准备，包括客户成功组内会议。确保你熟悉所有的内部更新，如新的流程、更新过的使用手册、新的案例，或者更新过的最佳实践。不要虚度你和同事在一起的时间，彼此之间互相学习。在每次会议刚开始的几分钟里，分享你的客户故事（好的和坏的），同时做一些有趣的事情。

9．**关注内部的风险/升级机制**。除了针对客户的续约评估，你接下来最重要的内部会议或行动将专注于对风险的管理。最高等级的风险类别包括实施情况、客户情绪、客户支持、产品、公司和续费。

- **实施风险**：某位客户在产品实施或培训过程中遇到挑战的情况并不少见。产品的新用户引导问题并不仅限于新客户。可能有一位现有的客户参与了专业服务团队的交付，想通过正式的工作说明书（SOW）来实现一些额外的功能或定制化的配置。该说明书规定了产品将如何实施、配置，以及客户与合作伙伴将需要哪些资源。这些同样通过时间表来提供指导。作为客户成功经理，你应该始终在此阶段密切跟进并尽早进行干预。否则当出现问题——或者更糟的是——客户的负面情绪将不可避免地在实施后被放大，这会使你更难推进客户实现自己的目标。
- **情绪风险**：有两种情绪。第一个反映了客户对你的公司和产品的看法。这通常记录在净推荐值调查表中。第二个反映了客户对公司和产品的真实感受的评估。最终，后者是对未来续费风险的主观判断。在任何时候，你都应该能够回答这样一个问题："如果我的客户明天就要续费，他们会很迫切并开心地再续约一年吗？"此外，不要害怕问客户这个问题。不管他们的答案是什么，都要做好倾听和了解的准备。
- **支持风险**：客户支持是公司中最关键的，但经常被低估的职能之一。我们爱我们公司的支持团队，你也应该爱你们公司的支持团队。当客户为任何与支持相关的事情而苦恼时，注意不要表现得严厉高压，而应该表现出一贯的合作精神。客户支持团队每天都在不断地受到问题和挑战的轰炸，这些缺陷和挑战几乎总是源于产品差距、数据集成、接口问题，或者常常源于客户缺乏产品知识和培训。你应该预先设置一些临界值，以便在出现异常情况时自动通知你。例如：在特定的时间段内报告了太多的新支持工单；同时挂起待解决的工单太多；优先级最高或关键的工单太多；等待解决的时间过长。

- 一定不要把“没有支持工单”误解为一件积极的事情。它可能是客户完全脱离产品使用的信号。如果你需要升级客户的问题，不要只是把它抛到支持团队的手上。你需要经常询问支持团队的同事，比如：“我能做什么来帮助加速解决问题？需要我来联系产研团队吗？需要我向领导申请吗？在这种情况下，我能怎么帮到你？”你需要通过定期的沟通来掌握召集资源的所有权，让所有人都参与进来，但要注意不要自己去做支持工作。这是许多优秀的客户成功经理都会落入的陷阱，因为他们对产品和客户非常了解。我们看到太多的客户成功团队表现得像一个升级版的支持团队，而不是主动驱动客户价值和扩展业务。
- **产品风险：**始终带着真正的协作精神与研发团队打交道，就像你面对支持团队一样。实际上，产品风险通常与这些内容有关：产品的实际能力与客户期望之间的差距、客户希望加速交付他们想要的功能或修复缺陷。你要注意，不要只讲述某个特定客户遇到的难题。仔细想想：如果你团队内有30名客户成功经理，并且每位成员都至少有两个单独提出的产品问题，那么就至少有60个独立的问题需要进行筛选、排优先级、评估和管理。所有这些都占据着产品研发团队的时间，而这些时间本可以用来优化现有功能和修复你们各自提出的缺陷。与此相反，你需要首先考虑在客户成功团队内部收集问题，让数据成为你的扩音器。如果这60个问题中的20个都与同一个基本功能有关，那么你可以把这样的信息带回产品研发团队：“这20个客户（他们的年度经常性收入为280万美元，本季度续费金额最高可达100万美元）因为这个频繁出现的产品功能缺失而存在风险。”然后你需要提供一些证明，说明如果这个问题没有在一定时间内得到解决，会带来什么影响。这比每个客户成功经理各自讲述的故事更有力，也更具有说服力。作为客户成功经理团队，你还必须是公司资源的好管家，特别是你宝贵的产品研发团队。

- **公司风险**：公司风险包括大部分不受你控制的事件，比如你的主要客户联系人中的决策者或产品引入者离职；还包括客户市场或行业的变化，比如收购。在一些更极端的情况下，它也可能是你的客户财务状况不稳定，无法按时付款。这方面的重点是，你需要在接到信息后立即执行各种应对措施来降低风险。从更积极的角度来看，几乎所有的风险中都包含机遇。如果你成功地帮助了你的关键决策者，那么他们跳槽到更广阔的舞台，在更大更好的公司里担任新的、令人兴奋的职务是时常会发生的。它常常会转化为一个新的销售机会，这完全源自你之前所有的出色工作。发生收购也是如此，你可以把它们看成风险和机遇并存。在任何情况下，都要设定切合实际的期望，并尽量多沟通。

10. **续费评估（内部）**。从公司的角度来看，这可能是你一天或一周中最重要的会议。你必须对所有在当前季度，特别是当月即将到期的客户有完整和充分的了解。更重要的是，你要非常准确地预测客户是否会续费，因为你一定不希望自己的名字与任何突然流失的客户挂钩。我们将在第8章更深入地讨论如何管理续费。

11. **和你的经理一对一沟通**。另一个重要的内部会议是与你的直属主管的会议。会议的频次应控制在每月或每两月一次。虽然这些会议通常会变成关于策略和针对客户的讨论，但你应该主张在每次沟通中预留一部分时间来讨论你的职业发展需求、职业目标、职业发展轨迹和你在团队成员中的位置。优秀的客户成功经理渴望征求和接受关于他们表现的反馈，并寻求建议和指导。如果你已经做了几年客户成功经理，很容易会沾沾自喜并纵容坏习惯的形成。每一家公司和每一位经理都有自己独特的风格和方式来落实客户成功原则。如果你需要时间来讨论与客户相关的情况，那就做好准备，提前通知你的主管并提供相关资料，这样他们在15～30分钟的会议中能够给予更多帮助。

12. **召集客户中的支持者和宣传者**。我们知道，当开心的客户得到他们想要的结果时，他们是唯一真正愿意向朋友、家人或同事推荐你的公司、产品或服务的人。客户中的代言人计划从客户生命周期的第一天就开始了，目的是打造客户中的支持者和宣传者。你将在第12章中阅读更多关于建立一个有效的宣传计划的内容。

13．**一对多的服务触达**。学习如何高效地工作对你成为一名成功的客户成功经理至关重要。无论你有5个客户还是1000个客户，你都应该利用技术和自动化平台来延伸你的服务。你将在第10章了解更多关于这个主题的内容。

14．**产品培训**。客户成功经理通常每天都和客户待在一起，帮助客户、培训客户、指导和建议客户、帮助客户从产品中获得价值等。客户成功经理最终使用产品帮助客户解决他们的业务问题。他们也是距离客户最近的人，看着客户如何使用或想要如何使用产品。如果这是真的，那么客户成功经理的最高优先级就是帮助改进产品，以及促使它为客户交付成果。因此，熟悉公司的产品和解决方案对你作为客户成功经理的成功至关重要。客户成功是至关重要的，但是如果没有好的产品，客户是不会开心的。你有义务帮助改善它。简单地说，一切都会回到产品。SaaS公司如果没有好的产品就无法生存。事实上，如果你想做的不仅仅是勉强度日，你必须有优秀的产品。更进一步说，如果你试图糊弄客户，让他们在并不符合需求的、水平欠佳的产品中寻找价值，就违背了客户成功所代表的一切。你怎么可能让他们使用不“适合”他们或无法“顺利运转”的产品还能取得成功呢？你必须成为拥有渊博产品知识的人。主宰自己的时间安排，把它作为一个优先事项，争取拥有自己的学习路径，以获得更好的产品专业知识。在第4章中将有更多关于这个主题的介绍。

担任客户成功经理——一份个人证明

既然你已经看到了客户成功经理的一天可能是什么样子，我们相信，为你带来从最高效的客户成功经理之一那里获得的第一手信息也同样重要。自2012年以来，伊斯顿·泰勒（Easton Taylor）一直担任各种与客户成功相关的角色。我们很幸运与他成为同事。我们已经看到他在这一行多年并不断精进，我们真心钦佩他的坚韧、奉献和风格。因此，我们邀请他与你分享他的客户成功之旅，特别是提供一些他作为客户成功经理的成功要素。

担任客户成功经理

伊斯顿·泰勒，Gainsight公司客户成功主管

成为客户成功经理是我职业生涯中做出的最有益的决定之一。在最初的两年里，最让我惊讶的是客户成功经理实际面对的是公司的方方面面——从销售到产品、到市场、到支持到服务，再到管理层。这就是我喜欢这个角色的原因，每天都有机会学习新东西。

你能做的最重要的事情之一就是尽可能与你的客户保持亲密的关系。我建议你每天花一点时间去有意识地了解你的客户和他们的公司。这包括访问公司的官网，观看他们的产品演示；如果有可能的话，通读他们的财务报表，在领英、谷歌新闻和其他地方进行研究，了解他们的竞争对手，了解他们所服务的行业，等等。这样的额外努力可以培养你对客户业务的好感，目的是与你服务的客户建立一种可信赖的顾问关系。他们不仅会把你看作是能帮助他们使用产品的人，还会把你看作理解他们的领域并能给他们更好建议的人。这是多么奇妙的感觉啊。

对客户进行管理，以达到他们期望的结果，这一责任重大。这需要每位客户成功经理在日常工作中掌握大量技能：前期准备、沟通、确定优先级、时间管理、同理心和后续跟进等。然而，这当中最关键的是前期准备和后续跟进。这个角色的很大一部分是通过有节奏的电话沟通、高层业务汇报、战略性最佳实践会议、培训、产品演进图综述等与客户进行互动。在与客户互动之前，你需要问自己以下问题：

"我是否充分考虑过客户对这次会议的需求和期望？"

"谁将参加会议，角色安排是否合适？"

"在开会前我能给客户提供一些提升时间效率的东西吗？"

"如何衡量这场会议的成功？"

会议或电话结束后，立即切换到后续跟进。如果你没有跟进讨论的重点、总结清晰且可操作的后续步骤、确定这些后续步骤的负责人、提供相关内容和培训材料的话，那么所有的准备工作很快就会被浪费掉。你需要保持勤奋和井井有条，这样你的后续行动才会使客户朝着他们想要的目标前进。

剩下的大部分时间将会花在解决问题上。在一个完美的世界里，客户购买你的产品，并无师自通完完全全地基于它的设计来进行使用，不会有例外。在这种情况下，客户成功将不复存在。值得庆幸的是，客户在寻找新的使用方法和挑战方面更具创造性，这就要求你能够通过手头的产品特性来解决意料之外的业务问题。你不能只告诉客户你会提交一则反馈，你必须即时地帮助他们解决问题。虽然这听起来有点吓人，但这是作为客户成功经理最好的方面之一。事实上，没有一种情况是完全相同的。担任客户成功经理能给工作带来一种新鲜感，这种新鲜感在别处很难找到。有时候，你需要坚定地告诉你的客户：他们所做的是不可取的，或者是完全错误的。你的责任是引导他们走在正确的方向上，让他们不会犯本可以避免的错误。当然，你这样做时要带着一定的谦逊和自信。

这个角色也会带来充分的回报感。我个人一直纠结于这个由来已久的问题："我为了什么而活着？"后来我意识到是为了帮助他人。我知道我没能够为治愈癌症而贡献力量，但我也能接受自己的生活没有走上那条路。我很感激这个职业，因为客户成功经理让我来帮助人们解决他们面临的问题、帮助他们获得正在思索的问题的答案、帮助他们的团队变得更加高效、帮助他们获得升职加薪，或者仅仅是帮助他们舒缓失落。

如果上面的任何一条与你产生了共鸣，并且你正在考虑加入这个行业，我的建议是一头扎进来吧，来享受这段旅程。

正如伊斯顿所说，客户成功经理的角色能够带来相当可观的收益。不管怎样，你想在这个新兴的行业中表现优异。凭借你的技能和热情，你将从其他客户成功经理中脱颖而出。这样的组合会把你引向任何你想去的方向——甚至是最高管理层。

客户成功经理的三个核心能力

要成为一名优秀的客户成功经理，你需要具备许多技能。这些技能包括传统的软技能，比如建立关系和自我认知。你还需要具备大多数客户成功专业人士所需的基本技能，如为高层对话做准备、理解客户生命周期和旅程地图、构建和使用健康度评分、降低客户风险、管理续费和推动客户宣传等。最后，那些最优秀的客户成功经理拥有高度的产品专业知识和熟练程度。所有这些技能可被划分为三个核心能力，你需要在你的职业生涯中发展它们，才能在这个角色上变得出色。

在客户成功组织中，领导者们发现某些通用属性将帮助你成为客户成功经理。考虑到客户成功经理的角色是跨职能的，你需要掌握广泛的技能也就不足为奇了。为了使其更具可操作性，我们将介绍区分“卓越的客户成功经理”与“优秀的客户成功经理”的三个核心能力。

技能1：精通知识

第一个能力是要精通你的行业、类别和产品知识。作为一个值得客户信赖的顾问，各类主题经验将增加你的可信度。虽然在你的目标客户所属的行业拥有经验是具备很高价值的，但你在产品方面的专业知识会让你脱颖而出。日复一日，一位具有此类经验的客户成功经理会与客户的经验产生共鸣。这同时有助于客户成功经理令人信服地谈论该类别中的最佳实践和趋势。最后，拥有产品或服务相关的技术知识是你在专业技能之外的额外优势，特别是当你能识别这种优势所带来的差异和竞争时。你的公司依靠你对产品和服务的了解来回答买方提出的问题和担忧。你之前在其他公司工作的任何产品经验，甚至是来自竞争对手的经验，都能扩充你目前掌握的产品知识。你将能够为客户比较和对比应用场景，确保他们做出了正确的选择。我们将在第4章更详细地讨论这个关键能力。

技能2：解决问题的能力

第二个能力是解决问题的能力，它在任何商业领域都备受推崇。客户把你看作他们信任的顾问，指望着向你请教解决问题的最佳方法。这意味着你必须了解他们可能面对的独特业务挑战。能帮助你了解他们在业务上面临的挑战的方法是问大量的相关问题。

另一项重要技能是为每一次与客户的接触做好准备——不要认为任何事情都是理所当然的，仅仅提供建议是不够的，你必须有采取行动的能力。客户并不总是知道你的产品能够如何最完美地解决他们的业务挑战，这就是他们期待你的原因。还有一项需要培养的技能是“挑战者心态”，当你的客户想继续他们糟糕的流程时，学会说“不”。如果你容忍他们在使用产品时偏离最佳实践的轨道，那对你或客户都没有任何好处。

提高你解决问题的能力的最后一步是学会优先考虑哪些客户应当得到你的时间和注意力。优先级意味着在正确的时间用正确的信息回答正确的客户。我们将在第6章进行详细的探讨。

技能3：与客户建立关系

作为一名客户成功经理，在所有可以获得的技能中，变得更有同理心可能是你应该培养的最重要的技能之一。客户的成功被称为“以人为本”的理念和努力。作为客户成功经理，你必须超越自己，设身处地为客户着想。了解产品、行业，有技术知识和解决问题的能力都是良好的个人技能。它们一起表现出令人印象深刻的能力。

你所拥有的专业知识的真正力量在于，帮助你理解客户以及这些能力是如何影响他们的。一旦你与客户建立了联系，你就开始与他们培养关系。在互动过程中，你通过清晰的沟通所建立的信任会增强你作为一位值得信赖的顾问的影响力。这样一来，你作为客户成功经理的作用和影响力就有可能形成客户为你代言的良性循环，而这仅仅是因为你的工作做得非常好。我们将在第5章中介绍这个重要的能力。

***

随着你的不断进步，这本书将为你拓宽视野。你也会发现如何建立和利用这些技术的技巧。请相信，在你职业生涯的开始阶段，你不必精通每一项技能并达到同等的水平。相反，你应该把自己看成一个拥有丰富知识的人。客户成功经理已经是超人了，成为精通此行的客户成功专家需要时间和经验。

4

不断发展的商业世界所需要的客户成功技能

言”。例如，我们需要能自如地与工厂车间内的干系人进行交流。我们方法的转变，进一步强调了专业领域的知识对于我们和客户的成功是多么重要。

掌握你所在行业的知识可以增强客户成功经理成为值得信赖的顾问并建立信誉的能力。我们还坚信，客户成功经理需要具备产品悟性，以理解应用场景及其对业务的影响，而不仅仅是“要选这里，点击这里”。对于拥有更成熟实施方案的客户来说，尤其如此。他们往往需要一个具备更多相关知识的客户成功经理来推动他们克服与产品相关的挑战。

我们需要的是不同的团队配置：关系、领域和产品专家。我们还了解了正确匹配客户和客户成功经理的重要性。这必须经过深思熟虑，并视双方参与情况而有所不同。如今，我们拥有一个健康的组合，包括擅长高层关系的客户成功经理、资深的领域专家和产品专家。我们的业务需要这种组合来实现成功，你也可以考虑在你的公司中采取类似的方法。更重要的是，作为客户成功专家，你应该始终渴望更多地了解你所服务的客户和行业。无论如何都要致力于增加你的专业知识！

就个人而言，如何增加领域相关的知识？我们认识一位特别的客户成功经理，她参加了所有客户的年度会议。这是一个简单但精明的策略。参加行业会议有三个目的。

- 它帮助你了解行业或类别的趋势。
- 它帮助你了解你的客户是如何应对这些趋势的。
- 你在同一行业或领域中建立的人脉，将为更深入的学习和可能的导师关系打开大门。

与导师和行业专家交流

找一位导师可能会改变你的人生。导师可以有很多种形式，比如家人朋友、经验丰富的同事，或者是你在社交活动中认识的人。在理想情况下，你应该找一位活跃在你想了解的行业中的导师。他能够提供最新的发展信息，并分享日常的行业真实情况。一旦你找到了行业导师，问一些更深层次的问题，比如“你认为这个行业面临的最大挑战是什么？”或者“什么是重大的技术突变？”同时，一定要想办法展示自己。如果有小组讨论或专家讲座等线下活动，这对你会特别有帮助。把它当成一场大学讲座：注意听，提问题，做笔记。

当我们考虑在这个话题上添加一种不同的视角时，我们立即想到了克里丝·沃尔（Chrisy Woll）——CampusLogic的客户成功副总裁。CampusLogic是一个学生金融支持平台，帮助学生简化资助申请流程，并促进入学、知情借贷和完成学业。她理解高质量的教育和对未来客户成功经理的指导的必要性。克里丝分享了她从导师那里学习的故事，以及投入精力来了解你所在的行业，以成为其中的佼佼者的重要性。

如何培养专家？通过亦步亦趋的学习

克里丝·沃尔，CampusLogic客户成功副总裁

他的建议很简单：每周至少花五个小时跟踪摇滚明星。好吧，他并不是这么说的。“他”是一家快速发展的SaaS公司的首席执行官。我初来乍到，作为个体工作者，对这些一无所知：公司、行业、SaaS，当然还有“跟踪”这件事。我们是一家专注于灵活性的小型初创企业——当然，我们要主导自己的增长。听起来是不是很熟悉?

他实际上说的是：“如果你想在这里成功，你需要每周在工作时间之外多花五个小时来了解我们这个行业。”我的策略很简单，因为我善于将事情变得简单。找到房间里、团队里、行业里最聪明的人，“跟踪”他们，但并不是以令人毛骨悚然的方式，更多的是“总是观察他们做什么，他们从哪里找到信息，他们说什么”。

我从我的“摇滚明星”身上学到了三件事。

“摇滚明星”是贪婪的内容消费者。书籍、博客、网站、推特、各类言论、文章、时事通信——行业内有影响力的人们为“摇滚明星”创造了一切。你也要做同样的事情。找到有影响力的人（你的“摇滚明星”会把你引向他们），在社交媒体上关注他们，订阅他们的YouTube频道，把他们的播客加入书签。PS：确保你消费了这些内容，否则就别费心跟踪了。

模仿是最真诚的奉承。在你有时间形成自己广博的观点之前，做一个模仿者并没有什么错。听听团队里的“摇滚明星”说什么（因为你已经在

跟踪他们了），重复他们说过的话。我有一个重要警告：不要说你无法做到的事情。一位曾和我一起工作并被我跟踪的“摇滚明星”经常说：“这一切都归结到问题的实质 。”我相信在正确的语境中，这个表达会给你带来很多紧迫感，不管“实质”到底是什么意思。然而如果我试图这么说，它将是一个混乱的悲剧！所以，你可以模仿别人说的话，但要融入自己的风格和个性。

“摇滚明星”会设身处地为客户着想。到目前为止，这是最重要的事情，这也是我把它放在最后的原因。“摇滚明星”非常关心客户。他们了解客户关心什么，会设身处地地思考客户的日常生活、痛点、目标和梦想，会考虑如何帮助客户。掌握了这个技能，你就能在一个人性化的层面上交流了。这比成为任何领域最重磅的专家都重要得多。

拥有一位导师和有职业目标一样重要。导师可以在广阔的知识领域、产品专业知识和最佳实践方法方面提供建议和指导，还可以帮助你渡过公司的难关。找一个或几个在你最需要的时候可以求助的人。此外，也可以考虑寻找与你所在领域不相关的导师。请记住，客户成功是全公司的努力，导师制是这项伟大工作的一部分。

除了导师之外，积极地关注和参与各种线上的行业/品类社区的讨论群组。例如，领英就是一个很好的选择，你几乎可以在里面找到关于任何行业和品类当前趋势的活跃讨论。

专业小技巧：

- 缩小你的选择范围，选择会员人数较多或更本地化的群组。
- 不要害怕就该行业相关的话题提出问题并寻求建议。
- 关注行业内有影响力的公司。
- 关注行业博客。

回归传统：阅读、订阅纸质杂志或专业行业通信。找一些你感兴趣的内容。WebWire网站上按行业和品类列出了一系列范围广泛的商业出版物。寻找行业数字新闻资源。使用谷歌资讯提醒服务。不管是什么，记住目标是要成为你所服务的客户，以及你们所服务的行业中最好的客户成功经理。

专业的产品能力是走向伟大的通行证

在评估客户成功经理时，对产品专业知识的掌握将那些最优秀的客户成功经理与其他人区别开来。对产品有深入的了解是一种技能，可以帮助你迅速为你的客户解锁价值，并与他们建立信任。坦白地说，如果你想升到团队的最高层，成为最优秀的客户成功经理，这是不可或缺的。我们遇到过太多的客户成功专家，他们认为“成功”完全可以通过行业经验或建立同理心的能力交付给客户。虽然这些技能是高度相关和有价值的，但是那些最成功的客户成功经理拥有深入的产品专业技能。你需要考虑这个：客户是为你的产品买单，而不是为你友善的互动买单。他们愿意与你的公司代表进行互动，是因为他们期望从对你的公司及其产品的投资中获得更多价值。客户对产品性能的期望甚至高于对他们被分配到的客户成功经理的期望！

当然，对产品知识的需求多寡取决于每家公司对客户成功经理的职能说明。至少，客户成功经理要能够阐明产品的优势，以及它们与竞争对手的区别。在一些公司中，客户期望客户成功经理能在技术上评估产品的配置和部署，并提供其是否符合最佳实践的观点。

这里有一些可用来增加产品知识的策略。

1. 利用可用的资料

搜索一下，你可能会发现公司里已经有很多丰富的内容了。动动手指寻找产品或演示视频，大多数公司都为客户提供这些，所以你可以使用相同的材料。如果公司为客户提供任何线上或现场的培训，你可以要求参加。你也可以让产品团队分享他们为新员工准备的相同材料。许多公司在他们的支持网站或客户社区网站上都有优秀的“最佳实践”文章。此外，你可以从营销团队、最近的会议或展览中收集客户成功的故事和案例研究。学习它们，了解客户是如何从产品中获得价值的。

2. 向同事学习

与解决方案咨询顾问或销售工程师成为朋友。他们是售前技术团队的成员，在销售流程中与销售代表和潜在客户一起工作。他们善于包装产品的卖点、竞争优势，并能展示产品最相关的特性。试着参加他们的一些销售演示。这能为你如何定位和“推销”产品提供恰到好处的观点，并了解潜在客户可能会问的问题。这种有利的视角让你对客户试图采用产品解决的问题有了第一手的了解，但不要止步于此。考虑花些时间与技术支持团队在一起，直到你对产品的掌握达到了适当的水平。这种体验是了解有关产品的常见问题的绝佳方式。这也适合你作为客户成功经理熟悉日后在偶尔需要寻求支持团队帮助时的首选资源。同样的方法也适用于产品团队。一些创新型公司有这样一种资源共享的模式，每个产品经理都会花几个星期的时间和面对客户的团队在一起。这段时间有助于培养对客户状况的同理心。

3. 练习销售演示和推销

作为客户成功经理，你将经常被要求与新客户中的干系人一起演示产品，甚至可能是面向一群彻底的新用户。有时这种情况需要随机应变，甚至出乎意料。你必须准备好如何表达产品的价值和目的，并且和最优秀的销售人员一样（如果不能更好的话）准确地展示它的功能。聪明的做法是在一群真实的人（比如你所在的客户成功团队）面前实践练习演示。

4. 与用户群体见面

许多公司定期为客户举办小组会议，通常是一个交流、分享使用产品的想法和创意的讨论会。这些会面通常为你提供了独特的机会，来倾听来自不同公司的意见，了解他们所面临的各种挑战，了解他们如何使用产品以解决实际问题，以及有创意的使用案例。

客户成功经理工作的一个重要部分是通过传递客户之声来不断改进产品。客户会以各种方式使用你的产品。最终，他们会遇到产品功能的差距或缺失。客户接下来就会要求对产品进行改进，而且通常会表现得非常急切。在这种情况下，你必须具有很高的产品熟练程度，才能认识到这个需求是否本来就可以通过当前的产品形态来解决。换句话说，如果你不是很了解这个产品，你怎么知道它会不会解决客户的特殊处境?

即使你确信产品不能完美地解决特定的使用场景，你的第一反应仍然不应该是“让我在内部提交一条产品需求”。相反，你的第一反应应该是用尽你产品的现有功能，发挥你的创造性，向同事询问这种类型的使用案例，或头脑风暴出一些不同的替代方案，以此来解决客户的问题。提交产品需求应该是最后的选择。再强调一次，这一切都建立在你拥有高水平的、可以分辨出差异的产品能力的假设上。

请回忆一下我们在第2章中讨论过的消费差距图（图2.2）。作为客户成功经理，你的工作就是最大限度地利用当前状态下的产品！的确，随着时间的推移，你需要提出新的有价值的建议来帮助改进产品，但是你有义务过滤所有的杂音，只向产品团队传递那些从客户群中筛选出来的最有价值和最有影响力的产品改进需求。通过这种方法，你将会有更高的成功率来说服产品研发团队倾听你的需求，特别是当他们对你的产品专业知识有信心的时候。这会提升你在公司内部和客户面前的可信度。

***

希望在本章中，你能学到一些扩展行业、类别和产品知识的策略技巧，并理解它们对你成功地成为客户成功经理的重要性。当你进入下一章的时候，把这些新的见解付诸实践，你会得到如何与客户产生共鸣并建立关系的实用建议。结合第6章所述的学习如何成为能为客户解决问题的顾问，你将走上客户成功管理的伟大之路。

5

学习如何与客户产生共鸣并建立关系

在所有客户成功经理应该掌握的技能中，与客户产生共鸣并与客户建立关系的能力是最重要的。我们需要记住这个简单的观点：你的客户之所以是你的客户，是因为在某种程度上，他们的高管决定与你的公司合作。你处于一种按需分配的关系中，一个被分配的位置。作为客户成功经理，你位于该业务关系的中心。你需要迅速将其从正式的业务分配（开始时可能会有些尴尬）关系转移到一个更加以人为中心的、基于信任的伙伴关系。能够迅速达到这种状态至关重要，因为这构成了与客户共同获得成功的基础。

为了让你对这个“软技能”话题有不同的看法，我们将与客户建立共情的关键技能提炼为以下7条原则：

1. 自省和有自知之明。
2. 沟通时要有目的性、准确性和说服力，成为一位值得信赖的顾问。
3. 坚持不懈地跟进以建立和增进信任。
4. 当你不知道答案时，如何回应。
5. 当身处困境时，保持专注和积极，并从中学习。
6. 透过一面“以人为本”的同理心滤镜，广泛地与人接触。
7. 真诚地与客户沟通：因为这是个人的，也是你自己的事。

虽然其中一些原则肯定不是全新的或独特的，但客户成功经理是一种新的职业，需要不同的业务行动，需要更加聚焦在以人为中心上。本着这一方针，我们非常幸运能够在一家真正付出了努力来定义和实践一套既定的核心价值观的公司工作。我们相信，这些价值观和明确的目标可以在客户成功职业中得到普遍的转化和应用。它们不仅是我们的北极星，我们真诚地相信它们应该被所有客户成功经理视为行为道德标准。

安东尼·肯纳达（Anthony Kennada）在他的著作《品类创造：如何打造客户、员工和投资者都会喜欢的品牌》中，巧妙地描述了Gainsight的核心价值观和使命的诞生。[1]他说：“从公司成立之初，我们就知道我们想要建立一家遵循以下原则的公司：

- **黄金法则：**己所不欲，勿施于人。
- **所有人的成功：**我们的‘底线’要求我们不仅为股东争取成功，也为客户、同事以及他们的家庭和我们周围的社群争取成功。

- **孩子般的快乐：**每天带着童心工作。
- **初心：**培养初学者的心态。
- **朋友们，保持饥渴：**要有发自内心的雄心壮志。”

然而，仅仅有核心价值观是不够的。安东尼继续肯定道：“我们决定了使我们跳脱出日常生活的原因。我们在Gainsight的使命是：成为能够取得商业成功，同时也坚持以人为本的鲜活例证。以人为本意味着你在做商业决策时总是考虑到人。”

现在让我们来看看与客户建立关系的七项原则。

自省和有自知之明

为了做到以人为本，你必须充分意识到你每时每刻都会遇到的第一个人：那就是你自己。优秀的客户成功经理最基本的特征之一是有自知之明。我们都有自己的故事和出身背景。我们学到的和经历的东西为我们说的和付出的增添了价值。有时它们并不那么好，表现为个人特质、小过失，甚至是包袱。你的故事（好事、坏事、丑事）将会影响你如何接触你的客户。

在尝试解决客户的挑战之前，你应该花时间考虑自己的状态。如果你的压力水平或焦虑程度特别高，这种能量无疑会转移到你的业务情况上并传递给客户。尽管我们认为可以在工作中带入最少的情绪，但事实上，我们是人，我们的情绪和行为是可以被感知和传染的。在你接近客户，建立和发展一种真正的关系之前，承认你的压力水平，这样你就有更好的机会通过更好的方式，为你、你的公司，特别是你的客户来控制它们。你需要真诚地面对你的恐惧和焦虑，并尽你最大的努力“让它过去”。

你需要以同样的方式审视自己的恐惧，坦诚地面对自己的目标和成功的希望。这些可以是积极的激励，为你的客户关系赋予灵感。作家苏珊·桑塔格（Susan Sontag）曾经说过：“勇气和恐惧一样会传染。”思考一下这个问题。如果你努力表现出真诚的好奇、谦虚、尊重他人，并表现出渴望与客户合作以获得成功，你的精神状态将默认为积极的。把它作为你的核心，并以此为基础来运行。诚实的态度会反映在你的行为中。它们不是可以应用的技能，但它们必须是真实的。

虽然我们很容易把这些都当作与业务无关的废话而不予理会，但最优秀的客户成功经理都非常有自知之明，并且能在情感上与他们所服务的人联系在一起。是的！情感上的联系。这个职业很大程度上要依靠人的努力，需要精通人际交往。这甚至也适用于那些从不直接与客户沟通而依靠技术手段进行客户触达的客户成功经理。事实上，他们必须更多地聚焦于和考虑如何通过另一端的自动化流程来与真实的人类发生接触。

你还必须意识到，不要过分自信，否则会变成狂妄自大。真正的自信来自谦逊。这是需要小心维持的平衡，特别是你必须“掌控场面”“成为专家”和“驱动客户”。对很多人来说，谦逊意味着软弱。具有讽刺意味的是，谦逊这个词来源于中古英语和拉丁语，意思是“来自大地的”或“离地面不远的”。

真正的谦逊意味着你脚踏实地。你可以和“来自大地的”这个词联系起来。这意味着你是有血有肉的人。谦逊意味着你知道以一种积极的方式坚持自己的主张，使他人听从你的领导。谦逊还意味着你知道你并不自满，还有空间用于吸收更多知识，还有更多要学习的东西。不断学习和提高是优秀客户成功经理的标志。

客户成功经理的信条

Gainsight的第一位首席客户官丹·斯坦曼在招聘客户成功经理时，要求应聘者起草并提交一份个人的“客户成功经理信条”。这是一页简短的个人宣言，上面需要写出作为Gainsight的客户成功经理，你将如何履行职责。除此之外没有其他指示。这个任务太棒了！它促使应聘者想出一些原创的、个人的、实质性的内容，可以引起 Gainsight、执行管理层、同龄人和客户的共鸣。多年来，我们与许多客户分享了这个策略。他们也采用了类似的做法，有些甚至要求他们的客户成功经理将其作为异地团建活动的一部分。这是一项不会过时的练习。图5.1显示了一份客户成功经理信条实例，它是由一位Gainsight候选人（现在是本书的作者之一）提交的：

要快乐，它是会传染的

玩得开心，开怀大笑，热爱你的工作，让你的激情展现出来。

自我进化

做一个比几周前更好的自己。

做正确的事/保持善良

如同超级英雄般渴望做正确的事情，但要做到谦逊和善良。

做可靠的人

遵守你的承诺；现在着手做！

一切皆有可能

大胆往前走，仿佛永远不会失败；我们支持你！

成为专家

成为关于产品和方法的专家。

改善产品

成为推动产品团队进行产品优化的头号倡导者。

倾听和学习

永远做好倾听和向客户学习的准备。

建立价值

通过提供有价值、有意义的解决方案来满足客户不断变化的需求，从而建立客户忠诚度。

了解你的客户

同样了解你的利益相关者们；确保我们的产品价值与他们的成功一致。

创建黏性

每次与客户的接触都是创造额外产品/品牌忠诚度的机会。

盛大地庆祝成功

留存和增购是生命线：你需要宣布和庆祝成功！

身兼多职，充满信心

尽一切努力把工作做完、做漂亮，并在做的时候充满自信。

从“旋风”中脱身

每天从各种事务中至少达成一个目标。

图5.1 一份客户成功经理信条实例

通过你自己的视角来评估以上每一条。你的信条中会有哪些内容？你认为有哪些对你来说是常识？你如何看待自己，你希望别人对你有哪些感受？如果你想成为一名优秀的客户成功经理，你必须学会内省和有自知之明。这将为你作为客户成功专业人士更好地服务客户奠定坚实的基础。

沟通时要有目的性、准确性和说服力：成为一位值得信赖的顾问

由于“可信赖的顾问”一词被过度使用，它的含义被稀释了。事实上，你可能找不到一致的定义。让我们看看《可信的顾问》的作者大卫·梅斯特（David Maister）和查尔斯·格林（Charles Green）的说法，他们在积极地尝试标准化这个短语。根据梅斯特和格林的说法，一位值得信赖的顾问是“客户在问题第一次出现时求助的人，通常是在非常紧急的时候：出现了危机、变化、成功或失败”[2]。

现在问问你自己，当出现危机、变化、成功或失败时，你的客户会立即联系你吗？对很多人来说，答案应该是“是的”，特别是当问题与产品有关时。然而，若从一个更广阔的角度来问这个问题：当你的客户遇到战略业务层面的危机、公司范围内的变革、巨大的成功或大规模的失败，且与你的产品无关时，他们是否会立即与你联系？答案很可能是“不”。作为一名客户成功经理，你绝对想要建立一种深厚的信任关系，这样你才能给出肯定的回答。

若客户认为你是真正值得信任的顾问，这意味着你了解客户的业务，和客户之间拥有超出你所参与的范围的亲密程度；你也了解与你互动的人的角色和各种影响，以及他们的组织如何来衡量他们。这还意味着你了解他们的目的、目标以及痛点，并清楚地知道他们对成功的定义，更重要的是你知道如何帮助他们实现成功。这种亲密程度首先表明你关心他们的业务，其次也表明你的产品辅助并服务于他们的目标，而不仅仅是你公司的目标。

那么，如何才能成为一位真正值得信赖的顾问呢？从有目的性、准确性和说服力的沟通开始。

有目的性

虽然与客户的沟通和交流有多种形式，但有两种形式必须立即停止。跟我重复一遍："所有用来确认状态和简单报到的通话都该去死。"大多数这类电话都是在浪费时间。对于太多公司来说，它们已经演变成一种程式化的信息转储方式，并强制性地确保你和客户定期联系。同样地，你再也不能仅仅为了了解客户的情况或征询意见而给他们打电话或发邮件。如果你正在做这两件事中的任何一件，马上停下来！

你是客户成功专家，你的主要职责是推动客户获得可衡量的成功。蜻蜓点水式的沟通而没有其他目的，并不会带来价值。客户们不需要一个只是打电话来问问事情进展如何的好朋友。虽然这看起来像是一种"善良"的行为，但实际上是在浪费你和客户的时间。他们的公司已经与你的公司合作，你需要帮助他们朝着业务目标前进。作为客户成功经理，你的工作就是了解客户的情况，而不是问他们情况如何。单纯开口询问确实是客户成功的对立面。当你与客户沟通时，检查你的意图，确保你的信息与他们的成功，以及你公司的产品将如何帮助他们实现这些目标相关联。

准确性

在进行高层对话时，准确性和目的性甚至更为重要。要简明扼要地开口向他们询问。你需要充分利用他们的角色、风度和影响力。换句话说，不要让高管只是一路跟着你。不要只为了联系客户或更新信息而开会。快速展示客户与你的合作如何让他们更接近目标并增加价值。最重要的是，当你有忠实的记录工具如电子邮件时，你需要一直在脑海中记录那些你想征询他们意见的动作，以及如何让他们更接近想要达到的目标。

说服力

建立信任关系的最后一个部分是在沟通中说服他人。作为客户成功经理，你必须掌握说服的艺术。实际上，你与客户的每一次沟通都是要说服他们做一些与以前不同的事情。这完全是为了追求他们所期望的目标。你的任务是说服他们听从你的建议，使用你的产品，并在操作上做出改变。

坚持不懈地跟进以建立和增进信任

客户成功经理最重要的特征之一是持续的跟进。明确地向你的客户和同事表明，他们很重要，值得你花时间。你是否会在每次跟客户接触后立即发送电子邮件？你需要从这个角度考虑：你应该比客户经常接触的那些来自其他供应商的客户成功经理更好。理想的客户成功经理，总是在电话或会议之后立即跟进，并以始终如一著称。

在Gainsight，我们有一个鼓舞人心但非常严肃的政策：在24小时内回复电子邮件或内部信息。这已经融入了我们的公司文化。这的确很能产生激励效果，因为当你的收件箱每天都能收到超过250封新邮件时，真的很难遵守这样的规定。之所以说它严肃，是因为当我们没有在规定时间内回复时，我们会尽最大努力相互督促。我们希望，这样做的最终结果是形成一种对彼此，对客户、搭档和预期都高度响应的文化。

客户成功经理可不能潇洒到任由自己被无穷无尽的邮件摆布。尽管Gainsight的每个人都希望自己能遵守24小时规则，但事实是我们并不能百分之百地做到，这让我们感觉糟透了。就个人而言，这并不会让你感觉舒服，因为你知道有人在另一端等待你的回应或确认。作为客户成功经理，你必须掌握跟进的技巧。你对收件箱拥有掌控权吗？如果是，请把你的方法分享给全世界。如果答案是否定的，那么是时候尝试一种不同的策略了，因为无论你对这个话题的态度如何，数字经济中的客户都期待着更快速、更持续的跟进。

当你不知道答案时，如何回应

有句古老的谚语说："假装你能做到，直到你真的能做到。"虽然这种方法可以应用于许多客户情况，但作为客户成功经理，最好不要运用它。那么，当你确实不知道答案时，应该如何回应呢？

归根结底这是一个关于信任的问题。人类很擅长解释真相，我们花了一辈子的时间练习。如果你对答案不是很有把握，最好不要随便编造或者对不确定的答案含糊其辞。作为接收端，客户会察觉到你的语气或信息中哪怕是最微小的错误。相反，你要完全坦诚，不要使用那些会增加不确定性的短语，比如"我不确定"。宁可在你找不到答案的时候，遵循下面的指导方针，以确保你不会失去客户的信任：

- **直言不讳：**你可以说你不知道这个问题的答案。但是你必须承诺在数小时或数天内提供后续的答复。
- **陈述你知道的内容：**虽然你可能不知道完整的或确定的答案，但你很可能知道与它相关的信息。在寻找答案的过程中，向客户说明你知道什么。这样可以证实你对这个问题的理解，也可以让你的回答更加准确。
- **赞美：**称赞客户所提出的是一个非常好的问题，但不要表现得高高在上。尤其是当你之前没有听说过这个问题时，一定要真诚。同样，要承诺在数小时或数天内提供后续跟进。
- **停顿：**在回应之前停顿和思考。这展示出了你的冷静和稳定，在脱口而出你不知道之前，你已在思考所有已知的信息。
- **注意你要采取的步骤：**一定要向客户传达你沟通过程中的不同步骤和沟通对象，以及得出答案所需的时间框架。

无论你做什么，不要因为不知道答案而感到抱歉。就和你知道答案的时候一样，你必须自信地说你不知道答案。毕竟你是人，客户也是如此，他们偶尔也会有知识上的空白。为了保持和增加客户对你的信任，你需要在承诺的时间范围内真诚地响应和跟进。

当身处困境时，保持专注和积极，并从中学习

在客户成功的世界里，每天都充满起起落落。你可能一大早就在电话上，与你的客户池里最大的客户进行了一次超棒的沟通。然后，就在接下来的一通电话里，你最忠实的客户可能会告诉你，尽管你一直以来都在努力满足他们不断变化的需求，他们将不再与你续订下一年度的合同。

无论你遇到什么困难，都要保持积极，这需要坚韧不拔的精神和坚定的决心。客户成功职业需要一种近乎有趣的积极的气质，有时候像销售那样。他们被一种乐观的信念所驱使，即每一条线索都是一笔潜在的双赢的交易。同样地，客户成功经理也应该被乐观的信念所驱使，即权责范围内的每一位客户都有成功的潜力，从而促进客户宣传、续费和扩展销售。

你会被不断地拉向无数个不同的方向，你必须始终如一地表现出坚韧，去做对客户、对股东、对你自己都正确的事情。例如，虽然你可能致力于确保客户和股东实现他们的目标，但你不能牺牲自己的个人健康，如果这意味着一直坚持每周工作80个小时，这是不可持续的。你必须忠于你的使命，确保你在考虑公司目标和平衡你自己的工作与生活的同时，客户也能够达到他们想要的成果。

担任客户成功经理可能是一种有惊人回报的体验，但也可能是疲惫的。有时候你会觉得自己永远都赢不了。可能所有客户都在抱怨着什么，或者你觉得你可能无法给予他们所需要的关注。你会成功的，那将会很棒！从字面上看，客户成功经理可能是客户续费和增长相对流失和终止合同的区别。这关乎找到平衡点和内在力量从而确保不会出局，因为好的客户成功经理能培养好的客户。

在担任客户成功经理的旅程中，你会跨越一个门槛，从那时候起你会对自己，甚至对你的主管说：“放马过来吧！我可以负责任何客户。没有我处理不了的客户问题。我是超级客户成功经理，我可以征服世界！”

透过一面“以人为本”的同理心滤镜，广泛地与人接触

每个人都有自己的故事。他们有独特的背景、历史、挑战、奋斗、成就，以及其中的一切。你的客户是人。那些最好的客户成功经理花在了解客户个人上的时间，和了解客户业务的时间一样多。你可以向他们问一些问题，了解他们的背

景、经历，以及为什么他们对自己所做的事情持有信念。你需要真诚地让他们参与进来，更多地了解他们。

阅读他人就是通过同理心视角去理解他们，这需要“洞察力”。大多数定义都集中在“直觉”这个词，以及如何让你对一个人、一件事或一种情况有更深刻的理解。直觉是指当理解瞬间发生或加速产生时的“啊哈”时刻，它比了解事实或者遵循“剧本”更进一步，是在任何给定时间内对所有客户输入的消费和处理。它包括仪表盘和客户健康度分值，还包括对话，倾听他们打电话时的语气，邮件中的措辞和遣词，以及看着客户眼睛的时候。有时候，当一个本来很快乐、很健康的客户突然不再给出回应时，我们就会感觉到出了问题。从逻辑上讲，“一切都很好。他们最近给出的净推荐分值很棒”。你甚至会发现自己在回忆：“我上周和他们聊过了。我为什么还要刨根问底？”你摒弃了这种“直觉”，因为所有实际信息都否定了它。但你还是有一种来自内心深处的冲动，感觉有些地方出了问题。这种冲动、提示或直觉是一种你应该悉心聆听的洞察力。

安全专家加文·德·贝克尔（Gavin de Becker）在他的著作《恐惧的天赋》中详细描述了洞察力和直觉。他说，许多人认为近乎超自然的状态是每个人的基本组成。这种“天赋”高于逻辑，是认知层面的一部分。德·贝克尔还说，“直觉是从A一路跑到Z，不停留在任何其他字母上。直觉是在知道原因之前就知道了”。[3]

如果洞察力和直觉是一种“认知”，那么作为客户成功经理，你如何运用它呢？如果一位客户打来电话，态度不友好，甚至对你大喊大叫，稍后你可能会发现这与你本人、产品或客户体验无关，只是来源于他们个人生活或工作中的压力。不过，在对话时你可能就发现了一些端倪。你让自己带着同理心去处理这种情况，而不是马上下结论或向客户反击。这是非常人性化的过程，你也应该如此表现。事实上，作为客户成功经理，即使有数据、远程监控、技术和自动化，我们也鼓励你向人类的直觉和洞察力倾斜。客户成功管理的核心是人的努力。

卓越客户成功经理的基本特征之一是他们在任何情况下都知道如何辨别前进的最佳路径。在商业社会中，它基本不可能是关于要做出一个好的或坏的、合法的或非法的，甚至道德或伦理的决定。真正关键的是要决定哪条路对所有利益相关者来说是好的、更好的或最好的。如果你有一颗为客户做最好的事情的心，相信自己铭记着客户的成功，同时又在考虑你公司的目标，你几乎不会失败。当然，有时候也会遇到失败或挫折，但这很少是有意为之。当你同时利用与生俱来的洞察力和其他输入数据，并能回应继续前行的推荐路径时，你的客户关系将开花结果。

真诚地与客户沟通，因为这是个人的，也是你自己的事

作为一名客户成功经理，你必须尊重你与客户的关系。想想公司迄今为止花费在获得和维持客户上的所有金钱、时间、努力和精力，而与客户的关系现在就掌握在你的手中，通过你去培育和发展。很长一段时间以来，企业一直在用“商业就是商业，而不是个人”的理念来约束员工和整整一代人。客户成功这个行业蓬勃发展的原因之一，就是它改变了那种扭曲的与客户互动的方式。这是个人的，也是你自己的事！这是我们追求的长期关系，是一种应该与客户达成的亲密关系。当然，有这种想法的并不只有我们。

Glint的首席客户官玛丽·波彭（Mary Poppen）认为，有必要改变业务流程和思维模式，使其对客户和员工都更具同理心。最终，她希望看到客户取得成功——她认为这只有通过与客户的亲密关系才能实现。玛丽拥有超过20年的商业咨询和管理经验，并拥有工业与组织心理学硕士学位，她对这门学科真诚的热情吸引了我们。

与客户的亲密关系是名副其实的连结和终身伙伴关系的关键

玛丽·波彭，Glint首席客户官

你现在应该知道，客户成功经理负责让客户取得成功。他们拥有最重要的能力来培养客户关系的亲密度。虽然有些人会羞于用“亲密”这个词，但没有别的词可以表达这段关系的完整性。客户成功经理需要非常了解客户，以便在客户的需求产生之前就能预测他们的需求。一旦你以这种方式改变你的思维方式，你就不再是客户的向导了。你是他们旅途中的搭档，有能力对他们的生活产生积极的影响。

在面试未来的客户成功经理或回顾现有客户成功经理的技能，以使他们与我们以客户为中心的战略保持一致时，我看重拥有好奇心、注重结果

和同理心这三个基本技能，以确保他们能够顺利地创造令人难以置信的客户体验。这些能力结合在一起可以创建一种长期的客户伙伴关系。以下我将逐个讨论这些技能的意义。

对客户成功经理来说，好奇心就是在每一种情况下寻找所有的可能性。它既是“为什么”，也是“为什么不”。通过好奇心，你能够理解问题以及如何最好地解决它们。在问“为什么”的时候，你是在寻找每一种情况下的最佳解决方案。通过询问“为什么不”，显示了你的开放性思维能力，能够从其他来源考虑建议和其他方案。好奇心也是一种不断学习、探索、理解新观点的过程。通过永远保持好奇心，你将改善并继续发展你的客户关系。

注重结果通常被认为是以最快的方式解决问题。真正关注结果意味着完成所有的任务，从而满足你的业务和客户的需求。最好的解决方案并不总是显而易见的。你必须设法以最佳的方式解决每一种状况。注重结果也是负责任和正直的表现。当你关注结果时，你承认问题、承担责任，并始终坚持到底。

人们经常使用“同理心”这个词，但很少有人对它理解透彻。同理心不仅仅是试图理解另一个人的困境，而是把自己放在别人的位置上。你必须完全知道他们是谁，从哪里来。同理心让你以一种真诚、关心和有针对性的方式回应。培养同理心始于专心地倾听你的客户，理解他们所告诉你的内容。当你全面地倾听他们时，你可以在正确的时间以正确的方式引入正确的资源来回应他们的特定需求、关注或问题。最终，你建立了一种强大的合作关系，这是任何竞争对手都难以匹敌的。

如前所述，客户成功经理为客户的整体成功负责。由于所处的位置，他们有一种特殊的能力来培养与客户的亲密关系。多年来，我一直用“客户亲密度”这个词来形容客户成功经理比任何人都更了解客户的那种巅峰关系。作为客户成功经理，你通过同理心的思维方式了解客户需要什么、何时需要以及如何交付。你在客户知道自己想要之前就知道他们需要什么！这种级别的合作关系使得你的客户不太可能会考虑竞争对手。它还可以确保你被视为一个值得信任的顾问，而不仅仅是一个供应商。你已经成为客户旅程上的合作伙伴。同理心、好奇心和对结果的关注是客户成功经理成功的三种差异化关键因素，也是建立高绩效客户成功团队的秘诀。

***

与客户建立关系的能力是作为客户成功经理的最大优点。当然，客户成功是商业上的必要因素，它会推动收入的增长，我们会在接下来的章节中讨论商业策略。然而，作为客户成功经理，你的思维模式和关注点必须从你或你的公司转移到你的客户身上。此外，你的客户，核心上是那些和你一样想在工作和生活中取得成功的人。作为客户成功经理，你被鼓励去倡导别人的成功，这简直是太棒了，不是吗？

希望这七个原则能给你一些额外的自省技巧和想法。作为客户成功经理，将它们付诸行动，会使你在日常工作中更聚焦于以人为中心。

尾注

1. Kenneda, A. (2019). *Category Creation: How to Build a Brand that Customers, Employees, and Investors Will Love*. Hoboken, NJ: John Wiley & Sons, Inc.
2. Maister, D. and Green, C. (2000). *The Trusted Advisor*. New York, NY: The Free Press.
3. De Becker, G. (1997). *The Gift of Fear.* New York, NY: Little, Brown, and Company.

第三部分

将客户成功付诸实践

6

为客户会面做好准备，像解决问题的顾问一样提问

在大多数公司中，数据分布在多个地方，如工单或用户支持系统。有一些公司依赖于收集和远程监测产品使用情况的工具。他们也会用离线文档，当然如果你在人们的桌子上发现手写的便利贴，不要感到惊讶！还有万能的客户关系管理系统，它非常适合存储数据，但众所周知，数据很难被找到。客户成功、销售和市场营销职能团队都至少会访问其中存储的与日常运营相关的部分关键数据。在数据存储、访问和使用方面的差异意味着公司中的每个人都对客户有不同的理解，这取决于他们可以访问哪些数据。更糟糕的是，没有人对客户有全面的了解。这种差异会对客户的健康度和你与他们之间的关系非常不利。

发表在《哈佛商业评论》上的一篇题为《解开客户关系的秘密》的文章中，作者吉尔·埃弗里（Jill Avery）、苏珊·福尼尔（Susan Fournier）和约翰·威顿布雷克（John Wittenbraker）在数据共享话题上进行了分享。[1]他们的研究表明，许多公司可以利用跨组织的数据来增强智能关系，从而增进对客户的了解。有很多公司"通过电子邮件、客户和销售代表之间的在线聊天以及电话，接收大量包含关系信号的数据，但是他们在完整地收集和分析这些信息方面表现得差强人意"。他们得出的结论是，仅仅通过参与数据收集活动，比如参与调查，客户就发出了传达"客户想要什么样的关系"的信号，关键是开始"倾听并捕捉它们"。尽管知道这一点，公司不仅没有充分利用收集的信息，而且也没有很好地存储或共享这些信息。

并非只有这几位作者肯定了利用组织内多个来源的数据和提高对客户的洞察力的相关性。2018年，《麻省理工斯隆管理评论》（*MIT Sloan Management Review*）发布了一份题为《通过数据分析提高客户参与度》的报告，主题是数据使用和共享的重要性。作者山姆·然斯伯坦（Sam Ransbotham）和大卫·奇伦（David Kiron）发现了收集数据和正确使用或应用数据之间的差距。他们的研究发现"具有创新精神、善于分析的成熟组织会利用来自客户、供应商、监管机构，甚至是竞争对手的来源数据"。[2]

需要对客户进行360度的观察

没有全面了解客户的典型症状是什么？你的团队很难与一个客户开展协作。

你将需要更多的时间来准备与客户的互动。关于同一个客户，你的员工会有不一致的，甚至是矛盾的信息。不同的系统常常针对客户给出相互矛盾的事实。最糟糕的是，没有保存在集中位置的文档信息无法共享，而且常常无法访问。数据没有形成制度化，相反，它存在于各种独立的空间，包括人的大脑中。数据常常在团队的视线之外，这些团队可能会不顾一切地使用其他细节。此外，缺乏数据一致性导致事情变得混乱，而且当员工交接客户时，信息往往会丢失。

如果信息收集和存储工作得当，公司就可以将关键的客户数据集中到一个来源，从而提供整体的客户信息视图，使整个组织能够更好地工作。要做到这一点，你需要能够轻松地获取跨组织团队的重要信息（如销售、客户成功、支持、服务）和数据类型（如产品用量、与客户的交互）。每个团队都需要相关业务关系、产品和服务约定所产生的最新洞察。那些优秀的公司都在实践这个过程，这使他们能够直接与客户分享他们的想法，促进了公开透明和相互协作，从而实现客户的成功。

数据从何而来

如果你正在使用一个客户成功平台，并且假设你能将这些数据源整合到这个平台中，那么它的价值就会迅速倍增。根据我们的经验，最有影响力的五个数据来源包括产品使用/远程监控数据、支持工单信息（包括被上报的缺陷）、用户完成的培训和认证、调查（如净推荐分值、客户满意度、客户费力度）以及任何正在进行的专业服务的状态。在大型企业中，你需要根据不同的产品或业务单元来收集、分类，并在客户成功平台中展示这些数据，从而发挥作用。

如果你没有这些数据来源，也不要感到绝望。在收集这些数据时，你还可以帮助客户做很多事情。公司里不同的角色与你的客户进行的所有电话和会议都包含着宝贵的信息。你需要让大家在与客户互动后都能够轻松地记录他们的笔记（图6.1），从而让分享和协作变得容易。例如，如果产品支持在笔记上提及某人和留下评论，这对促进合作大有裨益。从你的电话和会议中获取一些其他的元数据也很重要：

- 客户中谁出席了？
- 你们公司有谁参加？

- 互动是什么时候发生的?
- 持续了多长时间?
- 电话里的态度怎样? 与之前的互动相比，现在是怎样的?
- 互动是什么形式? 例如，电话、会议、电子邮件、内部交流等。
- 额外补充：对这次交流的期望结果是什么? 例如，高层支持、客户代言、扩展/销售等。
- 额外补充：后续有什么跟进动作?
- 额外补充：交流中使用了哪些文档/附件?

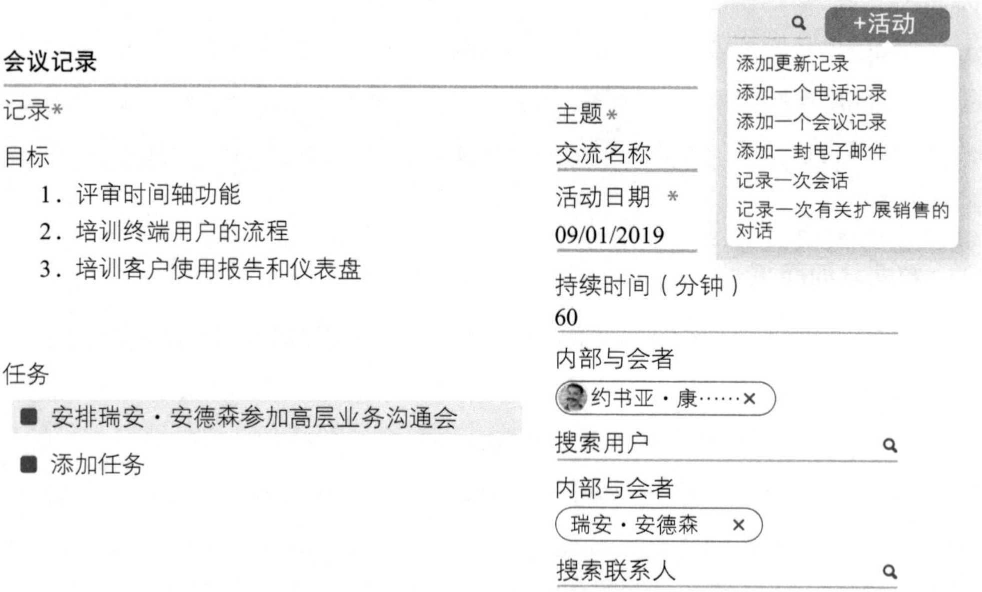

图6.1　从电话或会议中做记录的示例模板

既然你已经在同一个地方记录了所有这些数据和见解，那么一定要在电话或会议前参考这些数据。一些客户成功经理甚至会在会议中实时显示产品使用情况或电话记录，以展示他们是如何积极地与客户合作并取得成功的。这是一个非常有说服力的动作。无论你如何进行，记住，尽职尽责的准备工作将使你与客户的互动变得不同。

做好准备工作：为每一次接触客户做好准备

将成为成功客户经理所需的所有技能和能力付诸实践并不容易。要在保持一切都在你的权责范围内的同时，展现所有客户成功经理的必要技能是非常具有挑战性的。然而在这个雄心勃勃的职业中，有一项技能是最重要的：提前做准备。当我们考虑这个主题的内容贡献者时，我们首先想到的人之一是我们的同事埃莱娜·克莱瑞（Elaine Cleary）。她真的是技艺超群，她的整个职业生涯都在致力于使客户高兴，同时交付亮眼的业务成果。在Gainsight，我们曾经为那些非常罕见的、脱颖而出的同事保留了"重要客户成功经理"的头衔，他们在客户成功专业上表现的高效和精通达到了最高的水平。到目前为止，除了埃莱娜，没有人被授予这个独特的称号。她是客户成功巨星和理想的客户成功实践者真正的榜样。我们非常荣幸能请到她来分享一些关于准备工作重要性的想法和建议。

为每一次接触客户做好准备

埃莱娜·克莱瑞，Gainsight重要客户成功经理、教育服务总监

在快节奏的客户成功世界中，积极主动和提前做好准备往往会被忽视，被忙着快速回应客户需求所掩盖。从被动转变为主动的最好方法之一是认真考虑为不同类型的客户交流做好准备的具体策略。这样做可以帮助你最大化与客户互动的价值。不管你有多忙，关键是要坚持你的计划。不要努力工作，要聪明地工作！

让我们从一些基本的开始。每一次接触客户都应该有一个明确的目的和能够达到的预期结果。你还必须了解你的受众，并适当地调整你的方法。此外，你和客户对于每次互动都需要有自己的目的和目标。重要的是要认识你们各自的目标可能是不相同的。你如何主导"谁""什么"以及"为什么"，对你们长期的共同成功有很大的影响。

在你开始准备之前，这里有一些重要的注意事项：

注意事项	例子	提示
基本活动	• 当面会议 • 电话/网络电话 • 电子邮件	• 为你的信息和受众选择正确的活动类型 • 如果没有提早，准时开始及结束会议或电话 • 大家都很忙，所以直奔主题，好好记录 • 当面拜访时，提前确认地址和如何进入大楼，不要忘记要握手有力，进行良好的眼神交流——这很重要！
目标或期望结果——你的和他们的！	• 分享信息 • 提升关系的价值 • 沟通转化为行动的号召 • 简单请求：一条参考或关于最佳实践的知识传授 • 复杂请求：口头互动，沟通续费或增购	• 准备好从一开始陈述你的目标并获得确认 • 明确他们的目标 • 记录所有偏离主题的讨论
你所期望的典型受众	• 高层支持者 • 决策者 • 业务负责人 • 超级用户 • 管理员	• 确定目标与受众一致（例如，你不会与超级用户沟通续费） • 与不同层次的人建立联系，当有人离职时，能够将风险降到最小

即使有了以上注意事项，怎么做最好的准备？你已经听到了一些很棒的建议，所以这里有更多的小窍门：

- 确保你为与客户的讨论准备了至少75%的资料——这对于有重大意义的“关键时刻”或客户旅程中的里程碑（比如高层业务汇报）尤其重要。做好准备工作和每天与客户的互动同样重要。
- 顺便说一下，如果你已经百分之百准备好了，那么你可能已经花了太多的时间准备，而无法完成其他的工作。
- 把预约的电话沟通从30分钟改为25分钟，或者从60分钟改为55分钟，这样你和客户就有机会为接下来的工作做准备，或者进行短暂的休息。你的客户也会因此喜欢你！记住，如果你没有按时或提前结束，就无法达成沟通目的。
- 检查客户是否对最近的关系性或事务性的调查做出了响应。如果是，你可以当面感谢他们的积极反馈，或者获知他们的负面反馈，并继续讨论如何改善他们的结果和体验。

- 确认客户是否阅读了你最近的电子邮件——特别是有关产品发布或即将到来的活动内容。如果你能看到他们未读最近的产品发布通知，你可以这样说："我相信您一直都很忙，可能没有看到我们上个月的发布公告，但是有一个新功能，之前您的团队曾经提出过希望能够用上，所以今天我想在沟通接下来的续费之前，先简短介绍一下这个新功能。"
- 如果可以的话，监控客户对产品和服务的用量和走势。远程获取数据并不总是可实现的，也不是为了提供令人惊叹的客户体验而必须做的，但如果可用，它会是一个很好的工具。如果数据显示积极的趋势，恭喜他们！如果数据显示了消极的趋势，那就计划跟进一次沟通来找出下降的根本原因（假设这不是你最初计划的一部分）。
- 确认客户是否以其他方式与你的公司互动。注意那些可能象征着整体健康状况的信号，比如提交支持工单或参加社区论坛。请记住，没有新的支持工单可能象征着他们不想寻求帮助，这甚至比提交过多未完成的工单更糟糕。你可能还会发现，那些参与社区讨论等项目的客户健康度更高，因为他们会提出新产品的建议或要求改进现有的功能。请留意这些能够带来洞察的数据点。
- 调查响应、产品使用情况、客户支持的工单数据和社区参与都可以成为更广泛的整体健康评分的一部分。你可以将此类数据汇总成一个客观的运行状况评分，这是一种更简便的可供准备电话和会议的方法，因为你可以使用简单的评分体系。你可以一眼看出健康状况下降的潜在根源。你还可以很容易地看到，与更早前的四周相比，过去四周工单的平均数量有所增加。你可以将它作为与客户对话的提示，来帮助你驱动更好的体验。例如，"我注意到你们的支持工单数增加了。所以我让我们的团队做一个原因分析然后反馈给我"。现在你可以转移到你想讨论的话题上了，这样客户可能会更愿意接受。
- 记得查看客户网站上的公告和新闻稿，这样你可以为其他积极的进展而祝贺他们。

最后，通过思考你想从互动中得到什么，以及客户想从你那里得到什么，为与客户互动做好准备。考虑你的受众，确保能为每次谈话或邮件沟通带来价值。通过练习这些准备最佳实践的基本原则，你将赢得客户的尊重，不管即将面临的挑战是什么，他们将继续与你保持互动，你将最大化你的伙伴关系和结果所产生的价值。

发现的艺术：提出正确的问题，以触及客户问题的核心

做好准备和尽职调查是你成为客户成功经理的基础。你了解的关于潜在或当前客户的一点一滴的信息都是一项投资，最终都会得到回报。正是基于这一点，我们编制了一长串可供发现问题的清单，在Gainsight用于跟我们自己的客户合作。它是几年前由我们的好朋友伊斯顿·泰勒（我们在第三章中介绍过他）发起的，现在已经发展到一百多个不同的问题。下面是缩减的一般问题样本。你可以在www.gainsight.com的资源页“发现的艺术”下找到完整的列表。我们鼓励你创造自己的情境问题，以确保你尽可能多地了解你的客户。

一般问题

1. 客户是谁?
2. 他们公司在发展的道路上处于什么位置？正在寻求IPO吗?
3. 业内人士是怎么说的?
4. 他们提供或销售什么服务或产品?
5. 会议的目的是什么？谁发起的?
6. 他们当前在客户旅程中处于什么位置?
7. 他们成为客户多久了?
8. 顾客目前的满意程度如何?
9. 你本人、你的公司和客户之间的关系状况如何?
10. 他们参加过你的公司所主办的活动吗?
11. 他们是否参与过你的网络研讨会或索取过营销材料?
12. 他们符合客户画像吗?

找到正确的问题，并正确地提出问题

有效询问客户的技巧被称为“发现的艺术”。在与潜在或已建立联系的客户沟通时，问题有多种用途。它不仅仅是通过获得重要的信息来帮助客户回到健康的道路上，在正确的时间问正确的问题，最终能使得关系融洽而紧密。

提出问题的人掌控着对话和环境。不管客户承认与否，他们都需要你的帮助。如果他们不是在寻找针对现有处境的改善措施，你都不会在那里了。客户希望有人相信他们的愿景，你必须对他们的处境给予肯定，这是一项以人为本的技能。如果他们相信你，他们很可能会获得安全感，并表露出他们的弱点。这种信任打开了一扇门，揭示了他们业务的“痛点”。

在发现的艺术中，提问的内容至关重要，提问的方式也同样重要。有句古老的格言说：“预言要服从先知。”换句话说，你带给客户的信息可以让他们更成功，甚至拯救他们。然而，错误的提问和行动会把你的“绿灯”或“黄灯”客户变成岌岌可危的“红灯”客户。客户成功与客户体验有关。不仅仅要注意提问的语气和措辞，还必须注意不要在沟通中夹带个人信息或情感。像“你确定你想这样做吗？”或者“你觉得这会管用吗？”都是暗示你不相信他们的观点的例子。最好是诚实和直接一些。

最后，你的外在表现会让你提出的问题带有更多意义。虽然有些人要求你具备观察他人的情绪状态这样的软技能，但不管你从客户的反应中获得什么信息，以人为本的技能会强调你的礼貌、行为和风度。现在，让我们开始会议。

会议：创造有效的首次客户体验

第一次与客户的接触通常是在线上或通过电话进行。有时这种情况发生在销售流程快要结束的时候。大多数情况下，它发生在客户与你的公司签订合同之后，也可能发生在初期交付履约完成之后。在客户旅程早期的某个时间节点，你被分配为这位客户的客户成功经理。这个里程碑令人兴奋，但也会带来一些不确定性。公司已将宝贵的新客户委托给你，以确保大家的成功。客户也认为你值得信任，有能力引导他们获得他们想要的结果。因此，你给人的第一印象至关重要。虽然下一节描述的是面对面的会议，但即使是在线上会议中，遵循绝大多数建议也是很有价值的。你可能会发现，即使不是完全相同，语调和视频中的表现也是相似的。

介绍环节，又称“获取全场的掌控权”

当你走进一个房间，你泄露了很多关于自身性格的信息。姿势、微笑、温和的眼神和开放的姿态给人一种愿意帮助别人的印象。问问自己，你的肢体语言告诉了房间里的听众什么呢？要谨慎看待其他人向你展示的信息。无论他们的肢体语言表达的是什么，都不要将它当作你的优势。重点是要让他们成功，而不是要卖出什么东西。

简要介绍一下你是谁，你的团队成员是谁。解释你在公司里的角色，包括你过去的职业经历（比如，我曾经是市场团队的一员）。一定要询问客户是否还有关于他们和他们公司的信息需要让你了解，这些信息可能会对整个过程有所帮助。

通常，作为客户成功经理，你是在业务存在危机的期间被引入的。很重要的一点是要弄清楚客户是否将他们认为最重要的问题传达给了你和你的团队。你需要让客户分享他们的担忧并解释他们的立场，这样做可以让他们在会议一开始就有被倾听的感觉。提出这样的要求存在一定风险，但也可能带来意想不到的好处。关键在于你能够重新引导会议和对话，使其重新聚焦于最初的目标。

对于任何首次会议来说，其关键都是询问客户，他们的产品与市场上的类似产品有何不同？还有，是什么让你从竞争对手中胜出？另一个有价值的洞察是，找出他们敬重的竞争对手。这些问题都是开放式的。你需要给客户足够的时间来回答问题，以向客户证明你不愿意做出假设或糟糕的选择。最终，它将表明你在倾听。

除了所提供的产品或服务，每个企业都有其独特的要素。找出他们企业最独特的三个要素是什么。接下来，让他们多谈谈自己的客户。在他们所有的客户中，他们最看重或最有价值的是谁？他们认为那些最具备价值或最好的客户与他们做生意的三个最大的原因是什么？这些也是他们成为你的客户的原因吗？

最后，讨论客户的缺点。每个公司都会收到抱怨。客户对他们最常见的三种抱怨是什么？他们知道客户离开的最常见原因吗？另一个要讨论的话题是他们的未来。他们认为自己的客户所面临的最大挑战是什么？问问他们：“你相信你的客户的期望在最近或者在过去的五年中发生了变化吗？”

逐步确定并找到需求

希望客户现在知道，你把他们的利益放在心上。在下一节中，请注意这些问题需要获得直接的答案。有时，答案会变得死板，让场面变得有些紧张。紧张会导致答案的质量下降。你需要给客户一些时间来冷静、思考、最终重新定位和集中注意力，这可能是卓有成效的。

你一定要讨论他们当前问题的实际或机会成本，向他们强调你对他们商业洞见的尊重。如果这个问题得到解决，他们认为可以节省多少钱？你有必要了解他们当前面临的问题如何影响到业务中的销售、成本、生产力和整体士气等方面。此外，你应该知道他们的其他业务领域是否受到影响。

任何解决方案的一部分都是找出已经做了什么，以避免冗余。他们已经尝试过哪些解决方案、它们的成功程度如何？他们是否认为在组织层面会产生抵制情绪或抗议即将要做出的改变吗？最后要确定是否有任何相关的问题可以帮助客户成功团队更好地理解这个挑战。信任和脆弱性可以让客户打开心扉，与你分享更重要的信息，让你的工作更容易。

理解抱负和目标

最后，你需要了解客户当前和未来的目标。从讨论他们目前为止已经完成的事情开始。他们现在的成功归功于什么？他们相信这些答案在未来会发生改变吗？如果会，那么接下来他们将如何进行改进，将何去何从？另一个需要探索的问题是，他们的优先级是如何随着时间的推移而改变的？

让客户告诉你目前最重要的三个优先事项是什么。他们描述的优先事项包括增长机会吗？他们是否认为增长将来自现有客户而不是新客户？现在他们有实现这些机会的策略吗？变化可以深刻地影响当前的策略。是否有可预见的变化或趋势会影响当前的策略？

他们往往需要加强组织或业务能力，以便大大支持其未来的战略。他们能将其找出来吗？如果他们有额外的资源，会选择推进哪些计划？在同样的思路下，问他们一些“异想天开”的问题，比如“如果不会被拒绝，你会开口要什么？”

当你结束与客户的谈话时，找出他们公司的风险管理和组织效率分别是什么样的，他们认为哪一种更适合他们的公司？最后，他们认为年终应该如何评估自己的表现？

挑战并说服客户

客户成功经理发现，当客户走在既定的通往成功的道路上时，自己经常在不确定的情况下考虑对客户来说什么是最好的。你需要既有说服力，有些时候还要具有挑衅性，特别是当客户即将走向失败时。如果你还不理解，那就把自己当成一个经过授权的“剧透者”吧。换句话说，你有义务向你的客户吹响警告的号角，特别是如果你以前在其他客户身上看到过同样的情况时。你无法选择回避这个潜在的困难处境，或相信你能以消极的状态来处理问题。相反，无论他们是否愿意听到，你必须满怀信心地接受你受信赖的顾问角色，并在适当情况下为你的客户提供适当的指导。记住，作为客户成功经理的首要目标是确保客户达到他们的期望，不能失败。这可能意味着你必须直接告诉客户“不”。即使客户不认同，他们也会欣赏你，因为你警告他们是为了他们的最大利益着想。

你可以用一些简单的方法来挑战客户，同时又不显得粗鲁。试着说“这件事不可取是因为……”而不是“不可以”。这句话澄清了你为什么不同意某个特定的观点。更妙的是，不通过说“不”来表示拒绝。“让我提出一个不同的方法，这样我们就可以同时讨论多种解决方案。”只要有可能，一定要以事实为基础。你可以反对观点，但反对事实就不那么容易了。如果你想说服客户使用一种不同于他们目前正在考虑的方法，最好是尽可能地引用与他们情况相似的其他客户的例子。你需要传达一种“经过验证”的方法，从而降低风险。

有一种说法是，挑战你的客户只是一种对立或“推动他们”的行为。事实上，挑战客户更多是说服而不是反对。在客户购买产品后、产品续费时或当你试图说服他们购买更多产品或采用产品新功能时，你传达给客户的信息都是不一样的。你需要根据客户的当前状态调整你所传达的消息，这样做将会产生你和你的客户所期望的结果。

***

在本章中，我们讨论了为什么整合与客户相关的数据源是横跨不同团队协作、创建以客户为中心的公司的基础。我们还讨论了准备与客户互动、提出正确的问题以及理解客户需求的策略步骤。最后，我们确定了挑战和说服客户对于确保客户走在通往成功的最佳道路上是多么关键。在下一章中，我们将深入研究管理、留住和发展客户的核心任务。

尾注

1. Avery, J., Fournier, S., and Wittenbraker, J. (2014). Unlock the mysteries of your customer relationships. *Harvard Business Review* (July–August 2014).
2. Ransbotham, S. and Kiron, D. (2018). Using analytics to improve customer engagement. *MIT Sloan Management Review* (January 2018).

7

定义客户成果之旅

我们生活和工作在数据时代。使用从客户身上收集的信息来获得你与他们的关系洞察，这种能力比以往任何时候都更重要。数据是一种强大的资产。可以说，除了客户之外，数据是你最宝贵的资源。

有趣的是，客户愿意让你获取这类数据。他们允许你观察和分析他们对产品的使用情况。他们甚至对调查做出回应，并参与其他数据收集活动。为什么他们会允许这种对自己业务信息的“入侵”？你的客户这样做是因为，首先他们感到安全和信息受到保护。其次，他们期望得到一些回报。他们理所当然地期望你的公司会保护他们的信息，并利用你收集的所有数据来加速他们的成功。

收集的数据提供了所有的知识，随之而来的是重要的责任。作为客户成功经理或客户成功团队的领导者，你必须驾驭这些信息，将其转化为可操作的见解，并主动与客户合作以实现他们期望的成果和目标。最重要的是，你必须通过以人为本的方式做到这一点，确保收集的所有知识的安全性，并保护客户的弱点。

利用由数据驱动的知识和洞察力，你可以为客户绘制能够达成他们预期结果的路径。根据不同的因素，这条路径可以被更改，以适配于不同客户。当客户偏离了他们计划中的成功之路时，告知这一点是很重要的，你得与客户交流计划以使其回到正轨，并共同执行从而实现它。本章将深入探讨如何根据你的客户群体创建你想要的旅程，并对其进行定制。在第八章中，我们还将深入探讨实现结果和预期里程碑的策略和实例。

客户生命周期、旅程地图、客户旅程

长期以来，生命周期、旅程地图和客户旅程是三个被交替使用的术语，用来描述让客户达到目标或成果的多阶段路径。不幸的是，这些描述性的标题性质相近，但它们的目的被误解了。它们中的每一个都是独立的实体，都有自己的目标，应该加以定义和澄清。

我们相信标准化对于所有客户成功的必要性，这也是我们写这本书的原因之一。随着客户成功的增长和发展，需要有一个基础、一块试金石，从而让每个人都可以查看和参考。没有它，定义就会变得模糊，行业就会变得集中度低下。在这里，你将学习客户生命周期、旅程地图和客户旅程的正确定义，并了解客户成功专家在客户生命周期的每个阶段所扮演的角色，如何为客户创建旅程地图，以及如何引导客户旅程。

定义客户生命周期

在商业世界中，客户生命周期是描述管理客户的整个过程的术语。你可能见过类似于本章中代表生命周期的那些图形。也许是圆形图示或无限符号（图7.1和图7.2）？生命周期也被称为客户旅程。然而，通过对示例的进一步研究，我们看到客户旅程现在被视为存在于生命周期中的一个子集。

读到这里你是否感到困惑？不要困惑，我会解释的。记住，客户成功领域是不断发展的。它还很年轻，随着它的发展，相关的定义将会被逐渐澄清。

无论你在哪个行业或从事什么业务，都有一种公认的、每个客户都必须经历的方法论。无论你是一家技术公司、SaaS公司，或你售卖的是预先配置的软件，客户在其生命周期中都会经历可识别的进展阶段。客户生命周期通常有五个阶段，每个阶段的目的都有可能成功或失败。虽然生命周期是一种通用机制，但不同的公司可能为每个阶段选择不同的术语和名称。这些是生命周期中最常见的命名阶段：考虑或评估、购买、新用户引导、产品采用、续费和/或扩展、流失。

考虑或评估：这是客户为解决其业务问题进行产品对比选型的阶段。营销团队，有时是销售团队，通常管理这个阶段。市场营销创造广告和环境，使你的产品或服务具有吸引力。他们会通过各种各样的途径来接触潜在的客户。然后，销售代表将带头推动销售或购买。

购买：购买阶段通常包括产品或服务的选择和合同谈判。虽然这个阶段由销售人员负责，但可能需要具有专业知识的销售工程师，甚至需要有经验的客户成功经理来担任咨询角色。你未来的客户可能有特殊的需要或要求，这些需要会写入他们的合同或工作说明书（SOW）中。一旦合同签订，就会发生经济交易，交接就开始了。你会希望客户能够尽快地开始使用产品。

新用户引导：通常，这个产品上手阶段包括对产品进行初始化设置，和激活那些将使用产品的用户。在大多数公司中，这个阶段由一个专职的新手培训团队或客户成功经理管理，具体取决于产品的复杂性。当客户接受了培训，并且能熟练地使用你的产品或服务后，这个阶段就结束了。

产品采用：在这个阶段中，客户根据购买合同条款“启用”产品中有权使用的部分。客户成功经理通常在这个阶段引导客户。如果你的客户取得了业务成果，你就会知道他们是否成功。如果他们取得了成功，在其他潜在和现存客户面前，他们就会成为你的潜在代言人。此阶段还可能包括购买更多产品、额外服务、更多软件或产品的授权或座席。这些被称为增购、交叉销售或扩展销售。

续费和/或扩展：这是客户决定继续和/或扩展与你的产品或服务的关系的阶段。与产品采用期一样，这个阶段通常由客户成功经理管理。你的目标是尽可能多地了解你的客户。如果他们能很好地使用你的产品，这就表明他们的账户健康度优良，很可能从你计划提供的额外产品或服务中获益。良好的运行状况必须通过监控他们的运行状况得分和提升客户体验来维持。

流失：这是客户决定结束与产品或服务的关系的阶段。与产品采用期一样，这个阶段也由客户成功经理管理。如果他们决定终止协议，不再使用产品或服务，你有必要找出客户流失的原因。但是，不要自己去弄清楚他们为什么选择离开，试着通过一个公正的第三方来询问，他们擅长与客户进行交流。这些信息非常有价值，我们将在第12章更详细地讨论流失原因的分析。与此同时，对于你和即将离开你的客户来说，你的公司的目标应该是让离开过程尽可能简单。你希望他们再次成为潜在客户，让他们带着“等级”离开，可能会增加他们将来作为客户回来的可能性。

客户历经每个阶段，或者中途离开了生命周期，从而导致客户流失。然而要想成功的话，无论哪家客户都必须经历评估、购买、新用户引导、产品采用，以及续费/扩展（如果有希望的话），同时避免流失。有许多方法可以将客户生命周期可视化：图7.1和图7.2显示了其中的两种方法。

图7.1　客户生命周期（例1）

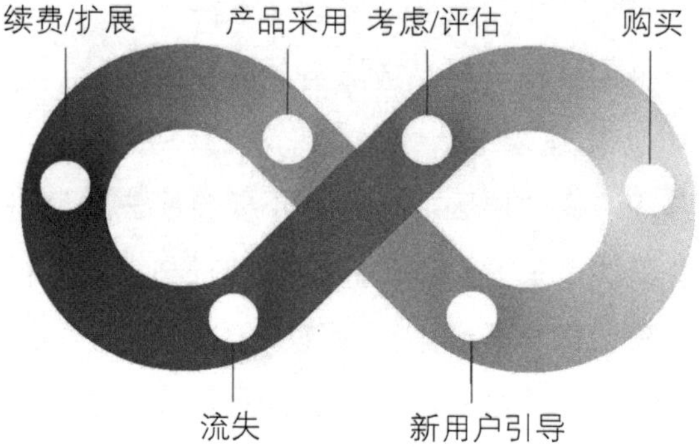

图7.2　客户生命周期（例2）

定义好的旅程地图

生命周期的每个阶段中都有旅程地图。旅程地图是一种精益管理技术。它为客户设计了一条路径，从销售到实施和采用，然后到完全投入，并希望客户会续费。该地图是一组里程碑，表明向客户成功的总体目标前进。客户成功团队在整个过程中设置标记、变化和事件，从而向客户展示他们的进展。有了旅程地图，你就可以确定每一个步骤和每一件事。因为你已经彻彻底底地规划好了客户旅程，你甚至可以预测潜在的问题。

旅程地图并不是一种新的方法或设备。最近，它带着一种不同的目的和迫切性在经常性收入业务模式中重新出现。旅程地图的目的是多方面的。第一个目的是密切监控并积极管理客户旅程的各个方面。实时观察客户的最佳方法是沿着一条预先确定的路径。你创建的路径要以客户和你的公司的目标和期望为中心。每个客户购买你的产品或服务都是为了特定的用途，这可以归结为三个问题：

- 他们怎样才能赚更多的钱?
- 他们怎样才能省钱呢?
- 他们在努力提高效率和节省时间吗?

你的公司不仅对客户的成功有期望和目标，而且对每个团队和每个生命周期阶段都有期望和目标。无论目标是什么，客户都应该是你旅程地图的中心。期望和目标是至关重要的，它们必须被反复确认和妥善记录，这是为了让客户安心，为了你的团队的计划，并确保服务的连续性。

旅程地图的第二个目的是确定实现这些目标的最佳步骤。针对每一组步骤，你必须确定公司中的不同团队或组织在每个生命周期阶段中在何处负责不同的任务。从一个团队或组织到另一个的过渡称为交接。在大多数拥有经常性收入业务的公司的客户生命周期中会发生相当多次交接。在不断发展的客户成功环境中，这是没有办法避免的。

遍历客户的生命周期，可能在第一年就有十几个人或更多的人参与他们的旅程，这可能会让人难以承受。每一个使用旅程地图的客户成功团队都应该将其视为从售前到售后阶段交接的标准化方法。每一次交接都有可能侵蚀在最初销售周期中建立起来的信任，还会延长实现价值的时间。有很多信息需要从一个组转移到下一个组。所有已了解的关于客户的信息必须在交接过程中顺利地传递，以保持你在销售周期中获得的势头。

事实是，客户交接为接下来的客户旅程设定了质量标准。如果一开始关系就出了问题，很难再回到正轨。对于客户成功经理来说，所分配到的账户数量超过了自己的处理能力也是很常见的事。在这些情况下，控制好自己的情绪是很重要的，因为你不想让新客户感受到你的焦虑，这可能会在新关系的关键时刻带来不确定性。以一种建立客户信心的方式来管理整个过程，尤其是交接过程，是至关重要的。

当旅程被清晰地定义好之后，确保你将会按照它执行。绘制整个客户生命周期的旅程地图，并确定他们将要达到的不同里程碑、生命周期阶段、变化和事件。这个过程将使你的团队在销售和服务的交接过程中与客户的优先级保持一致，并确保你在支持那些用户期望的应用情景。你能够监控每一步。然而这种方法并不仅仅供你和团队内部使用。这既是为了你自己，也是为了你的客户。健康的客户能够知晓信息。制作一张旅程地图可以防止客户焦虑的增加和“刚购买就后悔”的发生，并最终提高客户体验。

如何创建旅程地图

为客户创建旅程地图有很多方法。这个过程从与客户成功团队一起查看你的客户总群体开始。也许你的团队有一个可以聚集在一起的地方。你也可以考虑带你的团队到一个可供共同工作的空间或会议室，发挥创造力。

下一步是找到你可以使用的工具。有些人只是简单地使用白板，另一些人喜欢大张便签或是细小便签，或各种形状和大小的便签。另一种选择是使用卡片。如果你的公司已经挑选了一种方法，那就使用它。通常来说，以线性顺序绘制旅程地图是最好的。

无论你选择做什么，或者你和你的团队适合什么，这里有两个关键部分。第一个是输入。有时候，需要每个人拿起一支笔，写下他们认为对旅程地图有益的东西。当你浏览所有的想法时，重新审视它们，直到你确信它们都适用于你的客户。事实上，你可能会发现旅程地图并不是万能的。你必须根据客户的类型、大小或需求创建各条通路。行动不如共识重要。思考整个过程会带来明确的好处，而整个团队一起来做会有很大的不同。

第二个关键部分是考虑客户的观点。在脑海中创建一个客户地图，从客户购买到实现目标的整体来考虑，他们是否与其他公司互动或做生意，他们最大的竞争对手是谁。接下来，考虑客户公司内部的文化和语言：他们是否有提倡的理念？有他们使用的关键词吗？这些在你展示旅程地图时是非常重要的。最后，想想旅程中与他们相关的时刻。当完成这个练习时，你会发现可以把它分解成更详细的内容。

就像路线图一样，旅程地图上也可以有不同路线通往同一个目的地，这就是续费和/或扩展购买。然而，每条路线都取决于客户，取决于他们的规模和细分组、他们想要的结果和目标，以及他们想要达成目标的速度。另外请记住，在每个阶段，客户将与公司内的不同团队或组织进行交互。当你和客户在生命周期中移动时，你将知道他们已经准备好通过完成的工作进入下一个阶段。然而，这不仅仅是为了达到基准，还与管理生命周期有关，从而能够创造一种体验，即让每个客户都感到有可能和成功。在图7.3中，我们突出显示了一种里程碑的例子，你可以考虑在自己的客户旅程地图中构建这些里程碑。

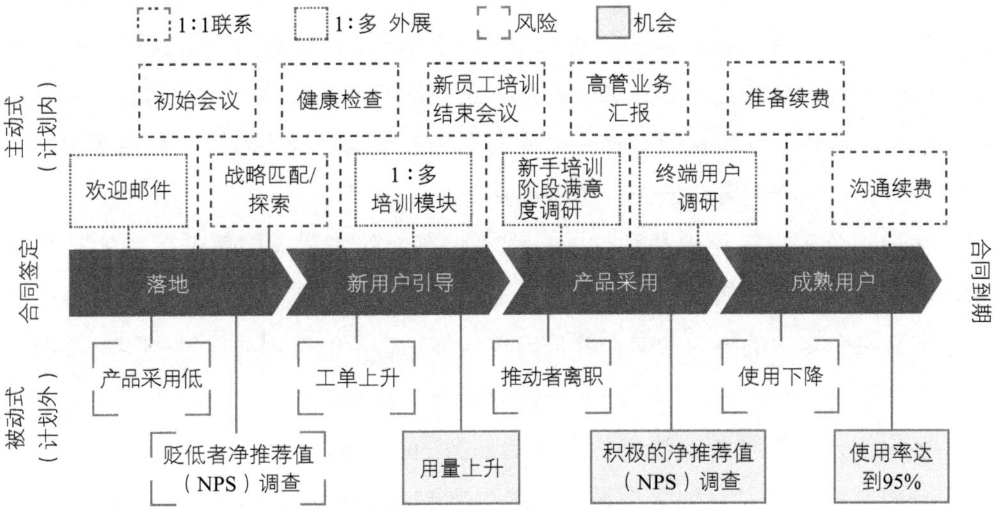

图7.3 一则旅程地图示例

如果生命周期和旅程地图不清晰，你与客户的交互可能会显得杂乱无章，没有清晰的意图或责任感。这个症状可能是由于公司内部一个团队与另一个团队之间的信息传递不佳造成的。另一个原因是重复的手动操作，无法随着客户数量的增加而扩展。这样无序的执行会让客户之间产生不一致的体验。最终这些症状会对客户的整体健康度造成损害。由于缺乏清晰度、方向和责任感，在不经意间，客户只会得到他们开口索取的东西，而不是你所知道的他们最需要的东西。最终这些活动都无法让客户从你的服务或产品中获得额外的价值。

解决这些混乱症状的方法就是在每个生命周期阶段为客户创建一个有组织的、连续的旅程地图。旅程地图使面向客户的团队能够精确地完成单个客户的旅程，这样客户就可以确切地知道需要与你的团队合作什么。

建立旅程地图首先要确定明晰的客户定位。旅程地图对每个客户或客户分组并不相同。然而，在生命周期的每个阶段，它们都有具有通用意义的标记。每张旅程地图在很大程度上取决于你的客户是如何被划分的。

客户细分

正如第6章所述，客户数据在管理客户关系中是一项不可思议的资产。一种可用来组织整理这些数据的工具称为客户细分。在《CRM框架中的数据挖掘》一书中，作者将细分定义为“将客户群划分为不同区域和内部同质群体，以便根据其特点制定差异化营销策略的过程”。[1]同质群体是现有的甚至是潜在的、拥有共同确定的市场特征的客户的子群体。正如作者所建议的，利用这些信息可以“支持‘个性化’和优化贯穿客户生命周期的所有客户管理阶段，从获客到建立紧密关系，从而避免客户流失并赢回客户”。[2]

客户细分工具还可以帮助你以公司负担得起的方式响应每种类型的客户需求。将客户按一定逻辑分组是优化客户成功管理团队效率的关键。客户细分还有助于定义每个客户的相对价值，并最终决定你与客户的互动或接触模型。最后，客户细分可以让你在正确的时间将资源分配给正确的客户。

客户细分有许多种方法，并且会因业务的不同而不同。每一次当你把客户群划分得越好，你有效地管理客户的能力就越强。那么，如何正确地细分你的客户?

在细分中最具影响力的工具之一被称为价值细分，即对公司最有价值的客户进行分类。通常有五种区分方式：合同价值、客户规模、行业、品牌、客户贡献。

合同价值：合同价值细分是一种简单的方法，即根据客户支付给公司的金额，从高到低对客户进行排序。许多公司把这视为客户细分的首要也是唯一的标准。不幸的是，这种狭隘的观点会将客户成功的“以人为本”因素最小化。

客户规模：第二种细分方式基于客户规模，有时也被称为“空白机会细分”。客户规模并不一定意味着公司的整体规模。确切地说，它应该指的是每个客户获得更大扩张和经常性收入的总体机会的大小。

行业：根据行业划分客户群对你是有益的。假设你公司的解决方案非常适合技术公司，然而你的公司正努力进入金融服务领域。你可能会发现，你目前的金融服务客户突然比技术客户具有更高的战略价值。

品牌：品牌是产品或公司独一无二的身份或形象。同样的品牌理念对客户的价值也有贡献。这就是为什么你所在行业的公司积极竞争知名客户，因为获得这些客户通常会带来更多的大品牌和高价值的客户。

客户贡献：他们是你最好的客户。他们有很好的健康度，很好地使用你的产品，很可能已经或将要长期使用。他们会给你的潜在客户最好的“参考”。因此，出于细分的目的，给他们赋予更高的特别价值是合乎逻辑的。

客户细分的另一种方法是通过人口统计学、地理学或称为企业统计及组合来分配。首先是根据企业的员工数量或年营收规模。接下来，可能是公司的位置（如芝加哥的市中心和犹他州的农村）。另一个是客户所在的行业。它是SaaS、基于技术的还是实体店？还可以使用进一步的细分，比如目标公司使用的技术和软件。

前面提到的每一种细分模型都是基于你与客户的关系，根据他们的规模、地点或业务类型。仔细考虑一种有效利用产品或服务的细分方法。每个细分的群体应该根据他们对你的产品或服务的需求，以及你能够经济地为他们提供服务的能力来定义。对于每个分组，在客户购买了产品或服务之后，你需要在实现他们的业务成果的生命周期路径上，指定清晰的标记。

实行细分的另一个更复杂的方法是基于客户的需求。例如，如果你是Dropbox，你可以根据存储解决方案的需求、生产力和共享工具或支持水平来划分你的客户。细分的另一个层次是基于客户使用产品或服务的复杂性——客户对产品的使用有多熟练，甚至还有基于行为的细分。了解客户的行为对于确定客户的健康状况尤其有益。例如，你现在的客户是否在以某种方式与产品或解决方案进行交互，从而表明他们可以考虑扩展当前的解决方案，从而获益？或者，该客户是否有从解决方案中流失的风险？

在2019年Gainsight的一项以客户成功行业为基准的调查中，超过800名受访者分享了他们细分客户的三大指标（图7.4）。正如猜测的那样，三个最常见的指标依次是年度经常性收入、客户规模和增长潜力。数字表明，获得票数最高的细分方法与扩展潜力有关，包括增长和公司规模。

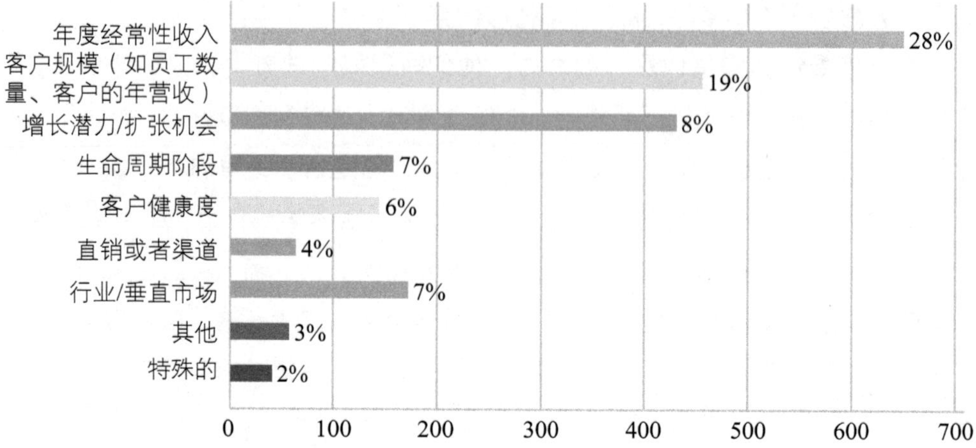

图7.4　来自Gainsight公司如何划分客户的一份调查结果

下面是我们整理的细分时需要考虑的内容列表：

- 收入
- 客户生命周期阶段
- 成熟度阶段
- 增长潜力
- 地理/地区
- 行业/垂直
- 直销/渠道
- 应用场景
- 客户健康度
- 所需的客户成功经理专业技能
- 数据安全级别
- 临时的接触-观察-检查模型
- 策略关系
- 应用的产品

当然，有许多属性可能会驱动客户细分。但是，在开始的时候，不要把这个过程搞得太复杂。你需要保持简单，可以用3~4个分组，也可以用几个子分组。请记住，要能够容易地、合乎逻辑地将新客户分入一个相对较少的群体中。同时，你需要考虑如何向公司的其他人解释清楚这些定义。一种简单而常见的细分方法是基于收入。按年度经常性收入划分时，通常将客户群划分为三个部分（图7.5），即大型企业、中端市场和小型企业。

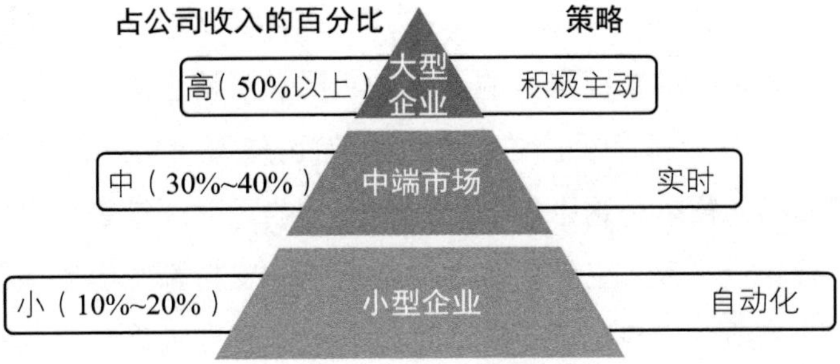

图7.5　基于收入的细分市场

大型企业：这是每个客户的收入贡献最高的部分。在大多数公司中，客户中的大型企业数量很少（占客户总数的10%~20%），但贡献了50% 甚至更多的收入。公司通常也将这一组别称为战略或全球层次。

中端市场：按每个客户的最高收入贡献计算，这组客户通常会由30%~40%的客户组成，带来相应比例的收入。

小型企业：这是“长尾”，每个小客户的收入贡献很低，但加在一起共同构成了一个不容忽视的收入百分比。考虑这个细分市场的客户数量，我们很难经济地管理这些客户的成功。因此，大多数公司要么不对这个部分进行管理，要么在可能的情况下使用技术来观察运行状况和进行自动化触达。

你选择如何细分客户取决于你的公司，但在大多数场景中，最好在所有职能部门或团队（如销售、市场、客户成功、客户支持）中使用相同的细分定义。然而，如果客户成功经理的努力不能有效地与指定的细分市场相匹配，那么明智的做法是考虑开发一种不同于公司其他部门的细分模型。例如，当同一细分组中的一些客户需要更高级的技术或战略建议、关于应用场景或产品的深入了解，或方便的本地面对面支持时，你需要采用一个客户成功特定的细分模型。客户细分不仅可以使你按照成本效益和有效的管理目的来细分你的客户，而且还可以使你生成准确的、反映客户的特定需求和优先级的旅程地图。客户细分和旅程地图齐头并进，帮助你创建一个充满经验的客户旅程，强化客户对产品或服务的选择。

客户旅程

到目前为止，你已经了解了客户生命周期是什么，以及它所有不同的阶段：考虑或评估、购买、新用户引导、产品采用、续费和/或扩展、流失。你也学习了，客户旅程地图是一种功能强大的工具，它提供了跨生命周期阶段具有不同里程碑、改变和事件的选择路径。你还知道如何创建符合客户期望目标的旅程地图，以及他们的细分需求。这张旅程地图将使你的团队在销售和服务交接过程中与客户的优先级保持一致。它还将确保你在执行时支持那些应用场景。此外，你会发现旅程地图既适合你自己，也适合你的客户。它能管理客户的焦虑、担忧和情绪水平，以使其在客户旅程中产生积极的体验。

客户旅程与旅程地图和客户生命周期的情感部分紧密相连。你可以说这是它们共同实现的结果。与期望中的旅程地图相比，这是客户实际经历的。客户旅程是“实际的”，而旅程地图是“想要的”——在一个理想的世界里，它们是一样的！在客户旅程中，这些体验是非常强大的。Gainsight首席运营官艾莉森·皮肯斯（Allison Pickens）在她的Pulse 2019年主题演讲中说，她认为“技术世界里枯燥无味的产物消除了我们本能够体验的每一个自主时刻，因此我们很少训练肌肉的反射”。她的这番话让我们停下来思考，这和客户旅程有什么关系。

在技术和软件行业，我们创造产品和服务的目的是让我们的客户更成功，这的确让人着迷。然而，这同样也能让人无法感受人性和彼此之间的联系，甚至让我们感到恐惧而不是安全。艾莉森后来根据她的主题演讲在网上写了一篇文章。她说：“如今的产品强化并利用了我们最基本的情绪，特别是感受不足，和害怕错过或被遗忘的恐惧。它们侵蚀了我们曾经重视的行为，而我认为，正是这些行为让我们变得更人性化：独立思考、深思熟虑和控制自己的行为。今天的产品无法表达我们最高的人性。技术已经成为第一，人性排在第二。”[3]那么你如何创造一种环境，让客户朝着他们的目标前进呢？艾莉森提出了实现以人为本标准的对策和原则。

作为客户成功经理或客户成功团队的领导，你应该知道客户是为了特定的用途而购买你的产品或服务的。如果通过使用你的产品或服务，客户不仅获得了成功，同时也经历了一个能够带来积极的体验、激发我们最符合人类的情感的旅程呢？如果你可以通过在每个生命周期阶段创建“干预”来实现这一点，然后将它们构建到你的旅程地图中，会怎么样呢？如果你能利用从客户那里收集的数据，并在正确的时间和地点录入这些情况，以及相应的情绪，会怎么样呢？

你不仅实现了客户的目标，产生了最终连接体验的反馈，还开发了一个强大的、经过磨合的客户，同时与产品、你和你的公司建立了牢固的联系。

尾注

1. Tsiptsis, K.K. and Chorianopoulos, A. (2011). *Data Mining Techniques in CRM.* Wiley, Kindle Edition: Kindle locations 202–203.
2. Ibid., Kindle locations 194–196.
3. Pickens, A. (2019). 5 Principles of Human-First Products, Gainsight, 21 May 2019.

8

用关键时刻来运作你的客户旅程

在前一章“定义客户成果之旅”中，你了解到收集客户数据能帮助你通过客户旅程地图等工具来管理客户所获得的成果。结合具体的客户生命周期和清晰定义的旅程地图，你可以交付一个完整的客户旅程。

有了这些资产，你就可以更好地管理和调整期望、目标和情感体验，因为你已经将任何意外可能发生的概率最小化了。由此形成了宝贵的客户经验，这些经验是有意义的，就像其他的目标一样，可以被重申，甚至可以被记录下来。你还可以通过监控和指导，让客户与产品的期望（它真正能做什么和不能做什么）保持一致，从而产生积极的情绪效果。

作为客户成功经理，一旦你了解并理解了客户的目标和“为什么”，你就可以围绕这些目标制定所有的售后任务，包括那些“关键时刻”。

认识你的关键时刻

在旅程地图中，客户与你和产品将会有多种客户可识别的交互和体验。为了绘制旅程地图，你需要确定这些互动和体验中最重要的部分，即所谓的“关键时刻”。在《客户天才》（*Customer Genius*）一书中，作者彼得·菲斯克（Peter Fisk）写道，这些“关键时刻”是“有意义的体验，是有关相关性和独特性的互动”。[1]与其让客户不停地搜索，不如创造一个环境，让他们自由自在地探索你的产品及其特性和你提供的其他服务，从而优化客户的旅程。

这些关键时刻是“成败在此一举”的情景，客户在感情上将取得的结果视为他们与你的合作关系是否成功的标志。利用这些时刻，你可以将你的团队的努力集中在客户旅程中的每个标志性时刻，以实现客户业务的预期结果。在旅程地图上的每一站，都有期望的关键时刻。

企业对消费者（B2C）公司考虑关键时刻已经很久了。在前台登记入住酒店是一个重要的关键时刻。它通常会为你接下来在酒店里的体验定下基调。另一个例子是当你家里的有线电视服务遇到问题时，你打电话给有线电视公司来解决这个问题。他们对你的态度和帮助你的过程决定了你是否将继续成为他们的客户，或者你是否会向朋友和家人推荐这家有线电视公司。2005年，全球B2C品牌宝洁的董事长、总裁兼首席执行官雷富礼（A.G.Lafley）将关键时刻的定义修改为三个部分。[2]

1．当客户在线上或线下查看一件产品时。

2．当客户实际购买并使用产品时。

3．当客户对产品提供反馈时。他们会向提供产品的公司、朋友、同事和家人分享。

许多年前，斯堪的纳维亚航空公司前首席执行官简·卡尔佐恩（Jan Carlzon）写了一本重要的商业书籍。它的标题和我们本章的主题是一样的：关键时刻。[3]卡尔佐恩认为公司应该以客户为中心。他说："任何时候客户接触到你的业务的任何方面，无论距离有多远，他们都有可能对业务形成印象。"

雷富礼和卡尔佐恩重申了这一理念，即"任何时候"客户接触到你的企业，你就有机会让他们形成想要与他人分享的持久印象。这应该成为一种激励，让我们抓住每一个机会去创造关键时刻。

关键时刻与你的产品或需求没有什么关系，彼得·菲斯克这样说。"关键时刻"不仅仅是"在所有不同的接触点上一致地传递——它们是用于确保旅程是连贯、一致和完整的。最重要的是，它是关于把它（旅程）带入生活，使其与众不同，产生相关性，并最终在沿途的每一点增加价值"。[4]换句话说，即使客户购买并使用了竞争对手的产品，关键时刻对他们来说依然是有意义的。当它发生时客户就会知道，并且他们的观点是最重要的。

如果这是你第一次定义你的关键时刻，从小事开始。找出一些你认为能让你的公司和客户产生共鸣的地方。构建一个完整的客户旅程是一个有价值但庞大的项目。为了帮助你，以下有8个关键时刻对于客户的长期成功是至关重要和有利的（图8.1）。

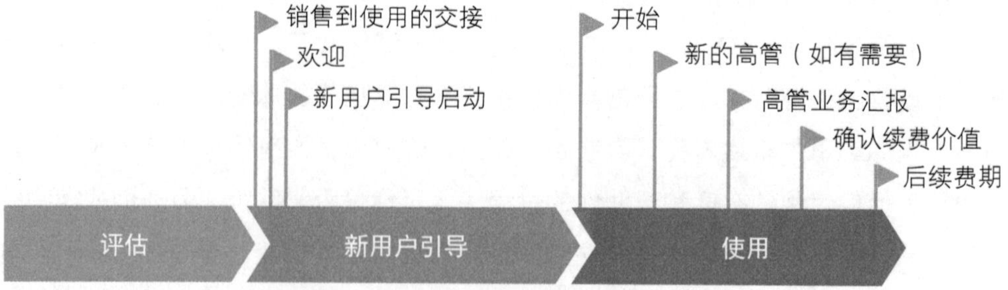

图8.1　客户生命周期中的关键时刻示例

从销售到新用户引导的切换

在销售周期中，一个潜在客户已经与你的销售团队的多个成员打了几天、几周甚至几个月的交道。现在，他们准备签合同并成为客户。突然，他们被介绍给一组全新的人员——公司的新用户引导团队、支持服务人员和客户成功经理。客户会有一种不确定的感觉，他们会怀疑是否能信任所有新出现的人，他们会质疑售后团队是否足够了解他们的业务。更重要的是，客户会怀疑他们是否需要重复在过去几个月里告诉销售团队的一切。这种感觉非常自然，也是人之常情，客户的焦虑和恐惧需要平息。作为他们的客户成功经理，你将负责迅速缓解他们的担忧，因此要做好相应的准备。

销售到新用户引导的交接是一个关键的里程碑。你必须正确执行第一个交互操作，以确保客户的平稳过渡。你需要让客户在第一次接触后对新关系产生信心。他们应该理解，并且相信所有的新面孔都能“理解”他们。此外，你的准备工作应该给他们一个“好的开始”的保证。

通常情况下，一旦客户签署了合同，你的销售团队就会在客户关系管理系统中将这笔交易标记为“赢单”。作为一名客户成功经理，你应该遵循以下几个步骤。首先，与这笔订单的销售代表和/或销售工程师安排一次电话会议，以了解业务情况和客户中的利益相关者。你还可以向公司中积极参与这次销售过程的同事发送内部问卷，内容主要包括与客户相关的问题和话题，你需要在与客户第一次见面之前掌握相应的内容。下面是一些你在交接过程中与销售团队讨论的示例话题：

- 通用的客户信息，如公司的商业模式，产品的目标用户（团队和/或部门），他们为自己客户的成功定义，等等。
- 关键的利益相关者，包括高层发起人和对接人，主要的联系人，系统管理员（如果已经识别），以及他们的能力水平（如果知道的话）。
- 如果适用于你的产品或服务的话，数据质量和可用性。
- IT和安全需求，包括IT团队是否已经参与或被告知这个项目、数据访问所需的安全要求/过程、新产品的发布流程（以及任何中断服务的日期）等。
- 与此项目相关的所有业务规定的时间表/截止日期。

- 销售合同细节，包括购买的产品数量、账号等，或者购买了任何付费支持计划、任何付费集成插件，等等。

最后，在存储系统中记录这些笔记，以供将来参考并与团队中的其他人共享。对于那些使用客户关系管理系统的人来说，这似乎是一件“无须动脑筋的事”，但事实是，公司并没有尽其所能地收集、存储和使用数据。如果没有适当的存储和共享功能，信息将不会被正确地使用，因此它不会为你的团队增加价值。

欢迎客户的到来并启动新用户引导环节

与客户的第一次电话会议为未来的预期定下了基调。所以，做正确的事情是至关重要的。你希望客户在初期交互结束后，相信你所提供给他们的流程将实现他们想要的业务成果。你还想让客户了解他们旅程的下一步，以及谁将成为其中的一部分。最后，客户想知道他们遇到的所有公司里的新面孔都提前花了时间去了解他们，这样他们就不必重复沟通。简单来说，客户并没有义务将他已经花时间向你的销售代表或公司其他人传达的相关信息再告诉你一遍。换句话说，你必须把握好交接！

在与客户高频接触的情况下，客户成功经理或负责产品引导的团队将首先安排与高层对接人沟通的电话或会议。电话或会议的目的是确保你验证了关键的业务成果和项目计划，以向他们介绍你的产品或服务。邀请你的客户主管参加电话会议，以保持售前流程的连续性也很重要。在电话会议结束后，欢迎邮件应由你们的客户成功高管和公司的首席执行官发送给客户。客户成功经理或项目经理还应该发送一封用于后续跟进的电子邮件，附上会议纪要，总结项目计划和下一步安排。

启动或上线

在完成新用户引导之后，这个过程会在你的客户访问软件并首次登录后结束。这是一个关键时刻，因为它塑造了客户对产品或服务的最初印象。这些最初的看法很难改变。因此，确保客户有一个难忘的产品体验是非常重要的。你希望客户的主要决策者在完成启动阶段时就已经具备实现所有业务目标的知识。你想让他们相信他们会完成所有达成协议的事情。你还希望他们能够确切地理解谁将负责他们旅程中的下一个步骤。最重要的是，你希望他们看到你、你的团队和产品对他们业务所产生的影响。

当你的客户完成产品启动或上线阶段时，他们应该知道如何有效地使用产品。如果有疑问，他们应该知道有明确的流程或联系人可以帮助他们解决问题。在使用产品时，他们应该有这样一种感觉：它将使他们的工作变得更容易，通过分享使用数据，可以保证他们在既定的成功道路上继续前进。

大多数产品上线时都会对客户进行某种形式的培训，通常是在线的或虚拟的。如果培训包括一些动手练习，那就更好了。最好的产品上线培训中包括一些游戏化的乐趣，以保持终端用户的持续参与。一个非常受欢迎的例子是，一个客户在他们的Gainsight中隐藏了一些“复活节彩蛋”。这些复活节彩蛋只是一些简单的小线索，用户只有在培训中保持专注才能找到它们。

客户的新主管或对接人

变化是每个行业的一部分。其中一个变化是当客户中的主要或业务对接人离开公司或更换职能。这应该被看作你的长期合作关系中的直接风险。这种类型的变化通常意味着一个新的对接人将取代他们的位置，并且他可能关注一组新的优先事项。

了解这些角色何时发生变化，接触新的高管，并迅速确定任何新的优先事项，这可能决定着你与客户的合作关系的未来。你希望新任高管感到，你的公司真正关心他们个人和业务的成功。如果你打算建立一种长期的伙伴关系，那么有一些步骤可以确保这会发生。

新的高管上任后，他会有优先考虑的事情。你需要花些时间去了解这些优先事项。接下来，你必须找到一种方式来表达你希望尽快实现他们的业务成果。在这种情况下，及时性至关重要。尽快与客户联系，确认高层对接人职位的更改。在电话或电子邮件中，当即请求他们介绍新的对接人。现在就打电话！

你还需要通知你自己的公司，在客户关系管理系统中记录新的对接人和职位。你需要在新的对接人和你方与客户有关的所有团队领导之间安排一次会议。会议的目的不仅仅是介绍你的团队，而是再次介绍这段关系，告诉他们到目前为止已经完成的所有事情，并确定他们未来的目标。新的对接人可能会有一些复杂或意想不到的要求，但要让新的客户主管知道你把他们的利益放在心上。你要迅速巩固关系。

当你与新的对接人建立联盟时，你应该调查一下之前的对接人发生了什么。如果他离职了，找出他去了哪里。你可以把他的新工作地点和所在公司告诉你的销售同事，特别是如果他曾在你的公司有良好的体验。利用这种联系，因为这对公司来说是一个新的销售机会。

业务汇报：面向高管等更多角色

向客户告知其健康状况和总体进展的最有效方法是季度的业务汇报（QBRs）、高层业务汇报（EBRs）和系统自动产出的健康状况报告或价值宣告。这会向你的客户表明，他们正在朝着与你共同确定的目标前进。需要注意的是，这类会议并不是必须每季度召开一次。许多公司称其为高层业务汇报，或简称为业务汇报。有时一年进行一次或两次，频繁时甚至每月进行一次。

在高层业务汇报期间交付的健康状况报告，是有效的客户生命周期的重要部分。通过这份报告，你能够向客户说明他们所在的位置是真正有价值的，特别是当做得不错并且有明确目的时。这里的目标是让客户根据他们的健康状况采取你所建议的行动，而不仅仅是让他们阅读报告。一些客户成功团队只在面对面的会议（如高层业务汇报）中使用健康报告，因为这些报告常常需要进一步解释才能采取行动。

假设有这样一种情况：你已经努力地使客户熟悉如何使用产品。到目前为止，你已经成功地让客户启用了产品。他们甚至可能已经从你那里获得了他们想要的部分业务成果。如果你无法与客户一起取得足够的进展，而且现在你需要他们的帮助来消除某些组织上的障碍，你该怎么办呢？高层业务汇报就是一个寻求援助的好地方。

谁应该参加？

高层业务汇报也是一个很好的论坛，可以一起庆祝迄今为止交付的价值，或者讨论交付价值的障碍。它通常是由各种客户利益相关者所参加的面对面或电话会议。然而，要想举行一场真正的高层业务汇报，就需要有“高层”的参与，最好能有客户中的高管，通常是副总裁或以上。

你自己公司的多种职能角色——客户成功、销售和服务代表人员也要参加，并表现出“全情投入”。你希望客户高管在高层业务汇报结束时能够理解他们到目前为止已经实现的价值，并了解他们接下来将采取的步骤。你尤其希望他们信任你，把你当作不断前进的战略伙伴。更重要的是，你需要看到他们的管理是同等投入的。

建议：如果没有主管能够参加，考虑重新安排或取消业务汇报。它被称为“高层业务汇报”是有原因的。Gainsight的首席执行官尼克·梅塔在一篇博客文章中提到了“渐进的高层业务汇报”的概念，在这个概念中高层业务汇报被描述为“晚餐”的一部分。[5]首先，试着开一个高层业务汇报准备会。提前准备和适当的安排都是很好的投资，最终会有回报的。记住，你没有多少时间和高管们在一起。确保你能最大限度地利用和他们在一起的时间。为了在会议中更有效率，你可以事先准备一些东西。

会议议程

高层业务汇报的典型议程应该从介绍开始，特别是在第一次高层业务汇报或有新加入者的情况下。你还需要提供一个简短的背景介绍，或者是公司的最新情况，包括新的组织变更和财务层面的更新。客户还想知道有关融资、合并和收购的消息，因为这显示了你公司的财务实力和稳定性。

如果有新产品发布，特别是如果有新加入的利益相关者的话，可以考虑演示一下你的产品或服务。作为客户成功经理或客户成功高管，你需要理解的是，合作关系体现了进展和交付的价值。你可以通过你所进行的任何投资回报率研究或评估，提醒客户注意到目前为止所取得的进展和已被交付的价值。

下一个要讨论的内容是产品路线演进图。探讨它们的采用过程，并讨论客户案例研究，让客户了解所有计划中或正在发生的产品进展，或服务项目更新。

最终，作为客户成功经理，你需要确保你的高层业务汇报有足够的价值，以便高管们能够持续参与。

进行高层业务汇报

在会议开始之前，检查一下是否一切正常。检查拨号系统、视频连接、投影仪和无线网络。确保有好的白板笔可用。许多高管会议可能会因为技术问题而浪费一半时间。你需要快速而有活力地开始这一部分。站起来，走到房间前面，找到合适的位置。这个动作会活跃房间里的气氛。试着跳过自我介绍，如果发言者决定花十分钟的时间来复述他们在领英上的个人简介，那就是在浪费时间。一种创造性的快速完成任务的方法是由专人对所有人进行介绍。作为客户成功经理，你或客户成功主管应该介绍你公司的每个人，客户中的一个人应该介绍他们的出席者。你可以把15分钟的介绍变成2分钟！

开胃菜

这一阶段可以称为“第一道菜”或“开胃菜”。这是一个非常重要的建议，让我们称之为“必做”吧！你可能只会和主管们讨论1~2个话题，或者3~5张幻灯片，因为大多数人会在会议开始后的30分钟内离开。一个有效传达会议最关键的要点的好方法就是使用执行纲要。把执行纲要浓缩在一张幻灯片上的演讲中。这能让你在几分钟内表达出最重要的观点。建议你使用项目符号，因为当人们没有太多时间时，它更容易理解。

写好一份执行纲要有很多方法。在客户成功经理的工作中，一个常见的情况是你试图突出一个主要问题、你所提议的解决方案，并且因为已经实施了该解决方案而成功。用这三个部分来写你的执行纲要：

1．陈述问题——当前的情况，以及通过相关的事实证明这是一个问题。

2．说明不解决问题的影响（潜在的损失、浪费的时间），问题的根本原因，以及解决问题的障碍。

3．提出解决问题的建议；如果你已经采取了行动，那就讲述从执行解决方案中学习到的或获得的内容。

一般来说，在“开胃菜”中，你的高级主管和工作团队会出席，利用前30分钟阐明公司与项目相关的战略目标。建议并帮助你的团队，特别是你自己公司的高管，提前做好准备，并限制他们在高层业务汇报期间的发言时间——大多数高管都擅长侃侃而谈！

接下来，让客户项目负责人在客户主管面前做信息更新。我们希望他提到的都是好消息，并会成为积极的推动因素。但是如果新消息不是“超级棒的”，也不要回避它。客户想要的是诚实和透明，如果你对他们有所隐瞒，弊大于利。然后，让你的团队中最资深的人来进行分享，特别是关于客户推进力的新消息。如果有必要，可以提出建议，告诉他们两家公司还可以在哪些方面进一步合作，以更快地成熟起来。

主菜

高层业务汇报的“第二道菜”或“主菜”只涉及执行团队。大多数高管没有足够的时间在这样的会议上花上几个小时。这部分的业务汇报可能需要一到两个小时。“主菜”是会议的一部分，大部分业务汇报都发生在这里。这里讨论的大部分主题都在议程上。

甜点

高层业务汇报的“第三道菜”或“甜点”阶段，是执行团队协调下一步的步骤。高层业务汇报中的这部分时间应为20~30分钟，你和团队将高管的战略目标转化为行动。你希望在与客户团队的协作中，将目标贯穿产品中来实现。例如，图8.2左边显示了客户的战略目标。这些来自“开胃菜”中主管的介绍。图8.2右边的行动计划来自“主菜”。

战略目标	行动
• 将客户会议和内部会议的准备时间减少25% • 将20%的客户从平台1迁移到平台2	• 将数据源1、2和3录入 Gainsight • 在Gainsight，使用自动电子邮件取代客户成功经理手动发送的电子邮件1和电子邮件2 • 在Gainsight中创建一个成功计划，以跟踪每个客户的迁移进度 • 创建一个仪表盘，显示已迁移的客户百分比、正在进行中的客户以及迁移的风险

图8.2　高层业务汇报所产生的行动项的示例

后续跟进

最后，确保你利用了来自高层业务汇报的动力来取得快速进展。如果可能的话，当天发送一封带有会议跟进报告和致谢的邮件。在你的会议笔记中附上一份PDF格式的共享文件。你还可以将这些内容存入你的客户成功平台、客户关系管理系统或任何存储公司共享笔记的地方。任何与你的客户有联系的人都能够获得这些信息。

最后一步是制订一份“成功计划”。一份成功计划是一组可分享的任务和下一步行动，你的团队和客户双方可以共同为之努力。我们将在第11章更深入地介绍成功计划。

续费

在客户成功的世界里有一种常见的说法：如果客户能够成功地应用你的产品或服务并获得相应的成果，那么续费就是易如反掌小菜一碟。虽然这句话的精神是百分百正确的，但是续费的关键时刻仍然需要在获得客户的续费承诺之前和之后仔细准备。

让我们回头看看什么是续费。在现在和未来，续费都是一种销售交易。它可能以两种方式发生。第一种是明确的，就像签署的合同一样。这意味着你需要正式的签名盖章来延续客户与你公司的业务协议。第二种方式是含蓄的，就像自动续费或“不选择退出”协议一样。自动续费通常被称为“常青”合同。当合同到期时，不需要签名，就会自动延续，除非客户通知你他们要离开。作为客户成功经理，你的工作就是确保客户会一直续费，不再需要大费周章。

设想一下这样的场景：你的客户非常健康，不过他们没有与你进行过多的交流。但是，你可以肯定的是，基于他们过去的使用情况和积极的净推荐值评分，即将到来的续费不会有问题。在合同到期前一个月，他们有一场高层业务汇报，你应该怎么做？

建议你不要等到续费期才与客户就商业条款进行沟通。至少在续费前120天联系客户。其中的一个机会是将其作为高层业务汇报的一部分，讨论到目前为止交付的价值，以及合作伙伴关系如何继续蓬勃发展。如果出现任何问题或危险信号，在实际续费之前你还有一些时间来纠正错误。在规模化执行上，这也可以通过数字化的触达来实现。

理想的结果是让客户相信你提供的工具、产品或服务的价值。已证明的价值使得他们能够向内部决策者提出继续使用该系统的理由，或者他们将能够在两到三个月内准备好该理由。在上面的场景中，高层业务汇报安排在合同到期前的一个月，我们建议今后将高层业务汇报改为续费前的120天。

在续费文件完成后，结束这轮交流。你应该给客户对接人和执行团队发送一条简短的消息，感谢他们持续的合作。对于那些不太接触的客户，你可以通过自动发送的电子邮件来感谢客户的再次选择，并提供一次谈话机会来计划细节。你希望客户对他们所能实现的可能性感到兴奋，并相信你和你的团队已经准备好来帮助他们实现目标。

***

这一章给了你一些可行的想法，如何通过有效地管理你的“关键时刻”，让你的客户旅程步入正轨。我们分享了一些常见的客户成功的关键时刻，以及如何最好地准备和交付这些细节。请看下面的分步总结。在下一章中，我们将讨论如何定义健康分值和你的自动化触达策略，以进一步增加你对客户的可见性和洞察力。

一个成功的客户旅程中，必须做的和必须拥有的

动作

1. 确定生命周期阶段。
2. 确定客户细分方式。
3. 定义每个分组（高、中、低/自动化）的触达模型。
4. 识别关键的客户利益相关者。
5. 确定关键时刻和关键里程碑。
6. 创建触达模板。
7. 撰写执行手册。
8. 定义动作和阈值的触发条件。

数据

1. 客户细分使用的变量。
2. 最初的合同日期。
3. 最近一次的合同日期。
4. 应续费日期。
5. 最新的合同条款。
6. 自动续费（是 / 否）。
7. 分组名称（或触达模型名称）。
8. 关键时刻和里程碑。
9. 触达电子邮件模板。

尾注

1. Fisk, P. (2009). *Customer Genius*. Capstone Publishing Ltd.
2. Hyken, S. (2016). The new moment of truth in business. *Forbes* (9 April 2016).
3. Carlzon, J. (1987). *Moments of Truth*. New York, NY: Ballinger Publishing Company.
4. Fisk, P. (2009). *Customer Genius*. Capstone Publishing Ltd, p. 216.
5. Mehta, N. (2019). How to Put the ‘Executive’ Back in Executive Business Review, 12 August 2019.

9

使用客户健康分值来管理客户

在前一章中，我们介绍了客户旅程中给客户留下深刻印象的 “关键时刻” 。当你的客户正在经历他们的旅程时，他们会不断地与你分享他们正在做的事情和感受。在本章中，我们将向你展示如何使用健康评分的概念来捕获这些信号，理解它们，并利用它们来成功地管理你的客户。我们将突出显示不同类型的健康分值，并介绍可用于调整的框架，以满足公司的需求。

健康评分：如何知道你的客户是否做得很好

客户成功领域中最常讨论的主题之一是健康评分的概念。它基于这样的理念：你的客户会不断地、含蓄地或明确地向你发出“信号”，告诉你他们与你的产品或服务合作得如何。客户健康评分的概念是，你可以将有关客户的各种信号集成在一起，以全面量化你的客户群体。就这么简单吗？要理解客户健康的概念，最简单的方法就是将其与你的个人健康进行类比。

在孩童时期，你正在发展自身的免疫力并且更容易生病。同理来说，刚刚开始使用产品或服务的客户需要更多关注，来帮助他们发现你所提供的价值。

随着你的成长，你非常活跃，经常去健身房，身体非常健康。然而，偶尔会有一些小的健康问题。比如，你有1~2根骨头骨折了，需要护理才能恢复健康。对客户来说也一样。有些公司有一个良好的开端，采用你的产品或服务并获得了良好的收益，但可能会面临一些小毛小病，比如可能是一个会阻碍应用的产品缺陷，也可能是会影响业务的优先级的管理层变化，从而影响他们的团队如何使用产品或服务。

作为一个成年人，你的优先事项会发生变化，会养成影响个人健康的习惯。也许你吸烟太多，或者没有经常锻炼。而客户在使用产品或服务时也会经历类似的起起落落。

定义健康评分

客户健康评分提供了可共享的连续视图，显示出你在某处是否向客户提供了价值和积极的体验。从客户的角度来看，这表明他们是否从产品中获得价值，是否喜欢与你的公司和产品合作。从合作伙伴的角度来看，它使你能够在现有的客户群上提升留存、扩展和客户宣传。

然而，大多数组织都在为创建健康评分而挣扎。要建立稳定、多功能的方法来识别和可视化数据驱动的客户业务健康状况测量是一项挑战。一些公司采用某种过分简化的度量标准来评估客户健康状况，或者相反地，包含了太多度量标准。太多的参数会导致你的团队在应当信任哪个数值或基于哪个数值来采取行动上存在分歧。本章将介绍如何创建你可以信任的健康评分，以及如何基于健康评分的变动来采取最佳行动。

客户的健康状况有两个重要的影响因素：成果和体验。我们在第二章中讨论了客户成功方程式：

$$CS=CX+CO$$

例如，你可以使用拼车服务从一个地方到另一个地方。从A点到B点的过程就是你旅程的“成果”。你在旅途中感觉如何？你喜欢司机播放的音乐吗？司机有多健谈？这条路是不是很短，还是最有效地利用了时间？这些是你的“体验”。

成果和体验对你来说同样重要，并且会影响你是否会继续以相同的频率使用拼车服务。如果体验增添了乐趣，很可能会增加你对服务的使用频次。如果体验持续良好，你会向你的朋友和同事推荐这项服务。如果体验发生了变化并让你不高兴，最坏的情况就是你转向了竞争对手。

客户如何使用你的产品或服务也是同样。这些成果和体验会促使他们决定是否继续使用你提供的内容、产品或服务。在结果健康度方面，实现了他们想要的成果并获得了价值的客户，才被认为是健康的。在体验健康度方面，你必须问，客户是否喜欢与我们的公司和产品一起工作的体验？你需要把两个健康评分指标——成果和体验——作为总体客户健康状况的指标。

设计你的成果健康评分

成果健康评分可以帮助你追踪你的客户，看看客户是否实现了他们的业务成果，是否从你的产品或服务中获得了价值。成果健康评分分为四类。

部署

想想当你在手机上购买并下载了一个应用程序，然后第一次注册它的时候，这是一种部署。在跟踪部署时，你要判断客户是否激活了他们所购买的产品或服务。其理念是，客户通常会在他们的合同中订阅许多东西。如果他们不激活购买，他们就无法使用你的产品，也不能从中获得价值。这会导致客户流失或取消订阅，而这正是你想要避免的。

举例来说，软件即服务（SaaS）业务中的典型部署取决于激活的账号数量、启用的功能模块和完成的初始培训。如果你的产品主要是预安装的，最常见的度量将包括软件的下载数量、启用的功能或模块数量，或者首次访问的区域或服务的位置。

参与

参与是指任何员工与客户的交流，可能是市场营销部门针对新产品版本的最新宣传活动，也可能是销售部门试图向客户出售更多的账号，甚至是进行高层业务汇报。参与度也可以指客户不响应或拒绝响应。

为参与度打分主要是跟踪公司与客户关键利益相关者的沟通方式及其参与程度。它会帮助你确定沟通和参与是否正常进行。至少，你应该定期与客户的决策者或高层人联系。通常公司还希望经常与核心用户或管理员打交道。更成熟的公司还会强调推动与产品终端用户的频繁互动。特别是在大型企业，IT团队可能是另一个关键的利益相关者。我们甚至看到，公司会跟踪记录活动出席率、完成培训的次数和网站访问次数，这些都是人和产品交互的有效指标。

无论你认为哪个对于你的公司是最好的衡量方法，你必须记住一件事：你不能手动跟踪你与所有大大小小的客户的重要利益相关者之间的合作。它需要自动化。

采用

在科技行业，“采用”一词的意思是“产品采用”，指的是客户使用你的产品或服务的行为。作为客户成功经理，你希望确保产品的持续使用，这意味着你要负责让客户通过使用产品来发现其价值。在衡量采用情况时，你希望跟踪客户，看看他们是否像你所希望的那样频繁地使用产品。采用程度可以显示客户是否正在使用产品的所有高价值部分，至少可以从以下两种分类考虑这个度量标准。

第一种分类称为应用深度。这一度量方式回答了一个问题："用户是否以'主动'的方式登录？"许多产品和服务都是以账号的形式授权的。最常用的方法是测算每日、每周或每月活跃用户。根据购买情况，你期望客户至少以可测量的登录频率使用产品。在一些企业中，动态数、交易量或在线时长是衡量采用程度的较好指标。

如果你的产品不在云上，而更多是部署在本地，那么需要考虑不同的措施。最常见的度量维度包括客户是否已升级到产品的最新版本。与此相对应的是，指标中应该显示客户使用的版本有多滞后。另一种用量信号是客户提交的工单数量或完成的培训模块的数量。你还可以跟踪你的客户与你的专业服务团队的沟通次数。

第二种分类是应用广度。这种类型的分析可以显示完整解决方案是否正被健康地使用。当进一步拆解使用情况，你还将看到客户是否积极地利用了正确的功能组合。如果你公司的产品具有某些"增强黏性"的功能，那么你将希望确保尽可能多的客户能够使用它。

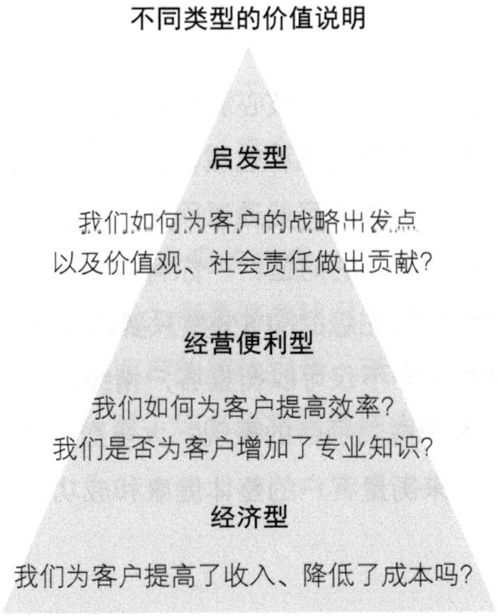

图9.1 交付客户的业务成果类型说明

色、橙色、黄色、浅绿色、深绿色）的划分，从差到好。确定每档阈值的一个好方法是，根据你所选择的档数，将现有的客户群分为3个或5个部分。每个部分都应该是均分的，称为三分组（或五分组）。而且每个部分都应该基于一种度量标准，如为部署分配的账号百分比。最好从一开始就对你的客户有一种平衡的视角。在每个五分组中放置20%的客户群（或在每个类别中放置相同的百分比）将更容易了解他们的表现如何，同时还为客户群的增长提供了参考点。每半年或每年验证阈值和相关指标，以确保健康状况评分保持相关性。总体成果健康得分可以是所有基础指标的平均值。你也可以选择更多地衡量某些特定的指标。

对于体验健康评分，最好从整体体验或NPS开始。例如，如果客户的NPS基于多次反馈，结果为60%~100%，那么你可以给客户打上绿色；如果NPS为30%~60%，你可以给客户打上黄色；如果小于30%，你可以给他打上红色。这类似于用户支持体验得分。如果该客户给出的平均评分为4或以上，你可以打上绿色；如果分数为3~4，则为黄色；小于3的为红色。总体体验健康得分可以是所有基础指标的平均值。你也可以选择衡量更多其他的具体内容。

为了计算客户的总体得分，取成果得分和体验得分的平均值。如果你假设其中一个比另一个更重要，你可以选择给其中一个更高的权重。

其他用于设计健康评分的框架

虽然客户成果和客户体验可以真正反映客户的健康状况，但根据你试图与他们达成的目标，还有许多其他方法可以设计客户健康评分。

Gainsight的首席执行官尼克·梅塔在一篇名为《给首席执行官的度量客户指南》的博客中给出了一组最有洞察力的说明。尼克讨论了一些将客户的各种“信号”整合到健康评分中的方法，这些方法现在已经成为一种常见做法。其重点是数据的多来源。尼克说：“公司在实施客户健康评分时所犯的最大错误之一就是认为所有东西都可以浓缩成一个数字。”[1]

合作伙伴成果健康评分

如果你想衡量客户为你的公司（换而言之，你是他们的合作伙伴）的发展所提供的收益，可以使用这个分数。客户向供应商提供了多方面的价值，你应该分别衡量这些方面。对于一个典型的合作伙伴，你期望的结果包括：

- 如果客户和你长期合作的价值。
- 随着客户的规模扩大而不断增加的价值。
- 客户帮助你获得新客户（如推荐）所增加的价值。

合作伙伴成果记分卡可以包含留存、扩展和客户宣传的顶级维度。关于留存，你可以这样问："他们会留下来吗？"至于扩展，你可以问："他们会不会在我们身上扩大支出或消费？"如果是客户宣传，可以问："他们会成为我们的代言人吗？"图9.2显示了组织这种评估的方法。

合作伙伴扩展健康评分

一些公司希望很容易地为他们的销售团队暴露所谓的"空白区域"。"空白区域"指的是每个客户拥有的更大扩展和经常性收入的总体机会的大小。因此，你的健康指标和阈值将基于客户对你所提供的每种产品的购买倾向。你可能会发现，提供最大机会或"空白区域"的并不总是最大的客户。

客户参与度健康评分

对于许多组织来说，对客户健康状况的关注是指管理"主要指标"。通常，客户留存和扩展的主要指标往往是客户和供应商之间的接触程度。客户参与健康记分卡可能包括：

- 产品/服务参与：客户对产品/服务的使用有多熟练？
- 市场参与：客户多久参加一次网络研讨会、活动等？
- 社区参与：客户在供应商的在线社区中是否活跃？
- 宣传参与：客户是供应商的积极宣传者吗？

客户成熟度健康评分

这一衡量标准是用来计算你的公司为使客户达到更高水平所做的努力。一些企业，特别是具有高接触参与度模型的企业，希望推动客户通过产品来提高自身的成熟度。评估客户的成熟度级别，告知员工并基于该级别向客户分配资源。客户成熟度计分卡包括：

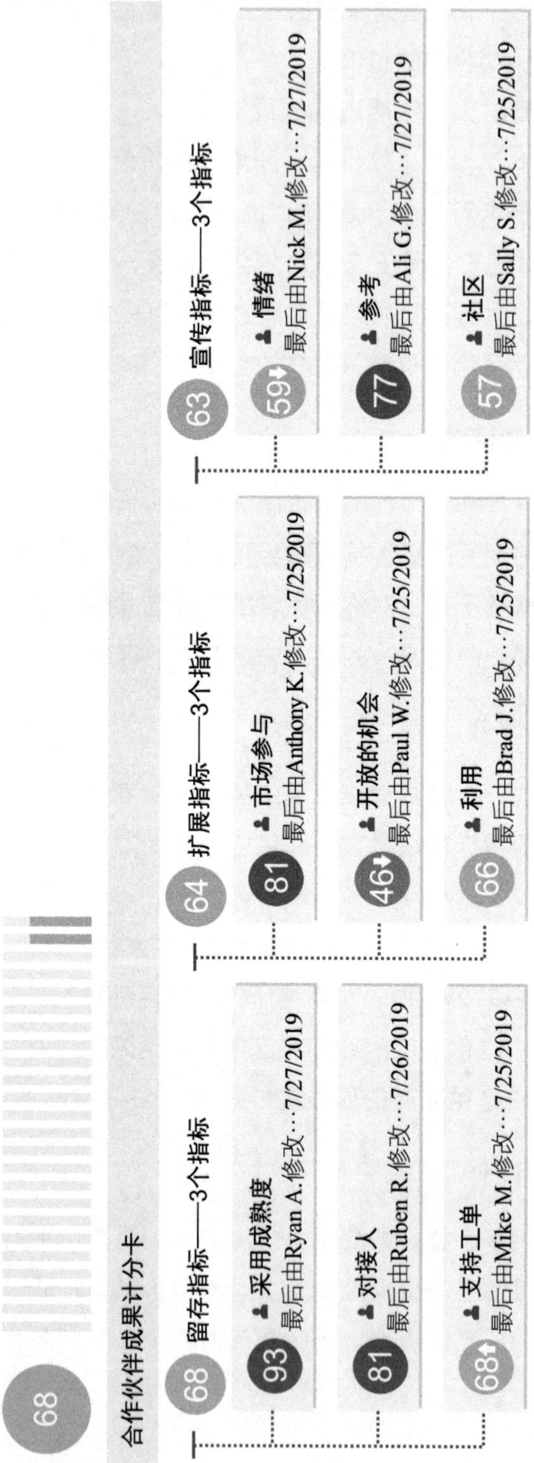

图9.2 合作伙伴成果健康评分示例

- 业务流程：客户是否有围绕产品或服务实现的业务流程？
- 复杂性：客户对产品或服务的使用有多复杂？
- 使用期限：客户使用产品或服务有多长时间？
- 培训：客户处有多少人接受过产品或服务的培训？
- 支持：客户是积极的支持者吗？

用健康评分辅助你的工作

当我们开始思索这本书的贡献者时，我们试图与那些在客户成功的两个方面——技术和人——都有专长的人保持一致。我们需要这样一个人——在业务和技术融合方面有强大的背景，同时能够管理人员以激发他们的优势。这让我们找到了艾琳·西门子（Erin Siemens）。她在ADP工作了多年，为各种规模的公司提供技术解决方案，她作为人力资源专业认证人士的另一面似乎很符合我们的要求。在2019年Pulse大会上，艾琳谈到了在整个企业中提倡客户成功，这坚定了我们的选择。我们请艾琳谈谈她对将健康评分付诸行动的看法。

健康得分，行动起来

艾琳·西门子，ADP客户成功高级副总裁

20多年来，我一直致力于让客户获得成功，我们一直试图量化客户的健康状况。即使是现在，大多数组织的健康评分通常依赖于简单且直接的评级，如红色、黄色或绿色。尽管20年来发生了很多变化，但客户的健康状况是红色、黄色还是绿色的决定仍然取决于旁观者。以我们公司最大的制造业客户为例。

当时的客户关系经理给这个客户的评级是浅绿色的，因为她和她的客户关系很好。他们的孩子在同一所高中的棒球队打球，她还为他在我们公司的执行顾问委员会找到了一个位置。我们没有理由质疑这种业务关系的强度或持久性。如果曾经有令我们担忧的，我们相信这位忠实客户一定会让我们知道。后来，该公司雇用了一位新的领导者。随着公司方向的转变，我们唯一的联系人的影响力逐渐减弱。客户的健康状况一夜之间从绿色变成了亮红色，而且表面上没有早期预警信号。不久，我们的联系人离开了公司，账户使用也陷入了沉寂。还没等我们了解情况，客户就转向了竞争对手。这是一个痛苦而昂贵的损失。这种情况让我的一位同事说：“绿色是糟糕的颜色。”

我们有必要更有效地评估客户的健康状况，这不仅是为了预测客户流失，也是为了让客户成功经理能够理解，当合作关系出现困难迹象时，他们需要采取何种措施。在我现在的公司，以下是我们用来衡量客户健康状况的五个维度，它们应该适用于任何组织。

- 财务健康：你的客户在你身上的花费是增加了还是减少了？他们有合同吗？你们定期提供折扣优惠吗？他们按时付款吗？
- 产品利用：你是否被嵌入了他们的战略一环中，或者他们的组织是否将你视为一个有价值的交易提供者？
- 客户参与：你的客户是否主动与你合作，以获知你的产品路线图？他们参加过你举办的客户活动吗？他们会通过你的调查或其他方式提供反馈吗？他们是否为你们的产品提供参考？他们的主管是否参加了你们的合作会议？
- 服务交付：客户对你的支持团队有正向体验吗？你的支持团队是否及时地按照服务协议向其提供服务并处理请求？客户是否通过正确的渠道获得支持？他们是否生成了适当数量的支持请求？
- 流失风险：你的客户最近是否更换了领导？他们是否与竞争对手合作？他们是否在为收购做准备？

一旦你开始度量客户健康，就应确保当你在任何维度上看到降低或糟糕的表现时，都能根据执行手册来引入恰当的团队。我再次提醒你，你也要找到一种方法与客户分享这些信息，以确保他们理解他们在推动健康关系中所扮演的角色，并积极参与改善他们想要达成的结果。

正如客户成功行业继续发展，并从这些相对新的学科中学习一样，我对度量客户健康状况的基本要素的看法也在不断变化。我们将对目前公司的健康评分进行一些调整，包括记录客户在实现他们想要的结果方面的进展，以及衡量客户使用的各个产品的健康状况。当你为组织实现和采用健康状况评分时，你很快会看到调整和更新方法的机会。

最后，对于那些开始这段旅程的人，我的建议是持续推进这个过程。不要等到你认为你有完美的方法时才动手。使用你现有的数据，并围绕这些数据设计你的健康评分。你永远不会得到完整的数据。数据的有趣之处在于，只有当人们开始使用时，它才会变得更好。从产品到技术支持再到销售团队，你需要确保客户健康状况信息在整个组织内可见。使用运行状况评分来进行决策，这些决策是由客户和客户的成功驱动的。你的健康评分数据不是完美的。当你学到更多的时候，它将会继续发展和改变。然而，你的客户和你的组织将从第一步中立即获益，即以有意图的和数据驱动的方式来衡量和行动，并改善客户的健康状况。

正如艾琳·西门子所分享的，你必须有多来源的数据来应用你的记分卡。然而这还不够。如果没有被恰当地使用，你所获得的健康状况信息将等于零。它必须对所有面对客户的员工可见，以便他们可以根据这些信息采取相应的行动。最重要的是，不要由于缺乏数据而导致你故步自封。这种否认最终是懦弱的。你需要积极主动地获取更多数据，帮助客户实现他们的目标，这将指向客户成功的定义：把客户放在第一位。

客户健康计分卡的未来和人性化元素

我们的世界正在越来越多地使用数量惊人的数据。随着数据科学和人工智能的飞速发展，你可能会想知道人类在未来和现在的客户成功管理者中扮演着什么样的角色。

标准化vs个性化

通过设计健康评分能够实现客户独特性的规范化和最小化。思考一下：该模型通常在大量客户中应用一组广泛的健康标准和预先确定的阈值，而没有考虑到每个客户的独特情况。相反，健康状况评分的目的是通过应用客户健康状况模型揭示出的大量所需的情报来了解所有客户的情况。然而我们知道，这其中还有一股不断增长的潜流。从表面上看，这是削弱了客户的独特性，而仅仅将其划分到不同类别，这样的健康评分实践似乎与客户日益增长的期望相矛盾，即他们应该获得更定制化的体验。

如果考虑基于相似点（如收入、行业、产品组合、成熟度以及客户健康评分）的客户细分和分组的概念，这种公式化的方法将进一步削弱每个客户的独特性。所以，我们冒着未认识到现实情况的风险，因为客户之间的差异像人与人之间的差异一样大。

为了解释客户的独特性，我们用为人父母做下类比。想象一下，一对夫妇抚养三个孩子。作为新手父母，你首先要尝试运用你在成长过程中学到的育儿“指南”。也许你是更有进取心的父母之一，会通过阅读书籍或参加研讨会来提高你的育儿技巧。尽管你尽了最大的努力，你那可怜的第一个孩子实际上就是小白鼠。对于第一个出生的孩子，你可能会更多地了解什么是失败的，而不是什么是成功的。因此，你学会了更丰富更成熟的处理方法，并开始建立一个虚拟的健康分数，其中有更好的指引，可以引导某些行为。随着时间的推移，你的育儿直觉会越来越强烈。然而，接下来的每个孩子都需要不同版本的育儿指南。同样的手册不会对所有的孩子都一样有效。对于进入你自己的客户池的每个新客户，可以进行类似的比喻。你可以在新客户身上尝试同样的老方法，但在他们的旅程中的某个时刻，你将不得不调整你的方法。

无论你是在辅导一个孩子还是一个客户，都需要独特的策略来满足每一个人的独特需求。忽略客户的独特需求是当前健康评分和分组模型的根本缺陷。虽然计分卡能让你对健康有一个很好的认识，但它不能告诉你事情的全貌，也不能最大限度地发挥每个客户的潜力。

“只用计分卡”系统的缺陷就是客户成功经理在组织中是如此重要的原因。在可能的情况下，通过与单个客户直接互动，客户成功经理可以催化客户的成功，并持续增加与解决方案提供者的长久关系的价值。首席执行官通常没有时间检查每一个客户，他们可以利用与客户成功经理相同的客户健康评分模型，使用整合的健康数据对整个客户群做出高维度的判断，并评估客户分组的方向。另一方面，客户成功经理要对他们的每一位客户负责。客户成功经理应用着通用的执行手册，同时为每一位客户量身定制并提供服务。因此我们有这样的不同：健康评分模型应用于大众，客户期望定制化。

人工智能vs情绪智能

客户成功经理协助将客户个性的变量重新纳入健康评分公式。客户成功经理一般通过最适合每个客户的定制方法来实时实现这一点。值得注意的是，“定制（customized）”和“客户（customer）”的词根来自拉丁语consuetudinem，意思是“习惯、用法、方式、实践、传统、熟悉度”[2]。每个人都有自己独特的习惯、实践和传统。有时需要刻意认识到独特性。关键在于，每个客户得分都与真实的人相关，而你所建立的每个细分市场也都与真实的人相关。

人工智能方面的进展将使客户成功平台能够实时应用人工智能解析面部表情和音调情绪模式。它将通过实时视频通话“评估”客户情绪。然而，今天的客户成功经理提供了一种无价的、仍然非常需要的客户交互的定制方法。我们需要讨论的是预测与判断的概念。这就是《罗特曼》杂志（*Rotman Magazine*）的凯伦·克里斯坦森（Karen Christensen）与创造性破坏实验室首席经济学家、作家乔舒亚·甘斯（Joshua Gans）进行的一次有趣的采访主题。文章和案例研究的标题是“预测vs判断”[3]。

甘斯很快概括了预测的定义。他说：“当你使用你必须提供的信息来获取你没有的信息时，预测就会发生……重要的是，这就是机器学习所做的一切。它不能建立因果关系，在面对不确定性和有限的数据时必须谨慎使用。”对我们来说，这意味着，在人类和人工智能的合作中，一定会发生两件事。首先，必须有多来源的数据。其次，永远有人工智能代表人类进行判断的地方。甘斯对此表示赞同，他说：“人们不必担心：人工智能并不是要取代人类的认知。如上所述，人工智能实际上只‘承担’了智能的一个方面，那就是预测。人工智能的复杂性在于它的算法编码，而不是它的结果。”

甘斯推测，虽然人工智能通过对大量数据的解读形成了预测，从而帮助我们理解，但比起那些它不知道的，人工智能“总是受限于它知道的东西”。甘斯继续指出，没有什么可以取代人类的三种“数据”：我们通过感官接收的“数据”，我们通过偏好控制的“数据”，以及我们出于隐私考虑而做的“数据”。我们的感觉能力超过任何机器。机器只能告诉我们：我们的偏好是什么，它们不能为我们做出选择。人类“数据”的最后一种形式非常具有启发性。机器只能根据所提供的信息做出预测。甘斯解释说：“只要有足够多的人把他们的财务状况、健康状况和想法藏在心里，机器就没有足够的数据来预测多种类型的行为。因此，我们对他人的理解总是需要机器无法学习的判断技能。”最终，没有什么能取代人类的判断。

这并不意味着降低通过健康评分来获得洞察力的必要性，我们必须感谢人工智能所能做的。然而，我们也必须认识到人工智能不能做什么。目前还有一些只有通过人的判断和个人参与才能完成的客户建模。

这里有一个适用的新术语，叫作“微细分”。这些小而多的变化本身并不重要，但集合起来就可以使每个客户都显得独特。微细分可能会成为未来的客户信息系统、健康评分和细分模型。你可能同时拥有一组具有非常相似的年度经常性收入、相似的规模、相关行业、位于类似地理区域等的客户，这些相似的客户也可能具有相似的健康评分指标。尽管根据当前的建模技术，这些细分的客户实际上可能是相同的，但客户最终会因为健康状况评分中未能跟踪或识别的元素而需要不同的识别方式，这来源于人为因素。

考虑到大多数人已经是细分市场的专家了，你天生就有实时读懂别人并辨别对于A或者B来说什么是最好的能力。所有这些数据都被评估、处理并记录在你的大脑中。从本质上说，微细分允许一个系统（在这种情况下是指人），有效地筛选每一个与你实时交互的客户特有的长长的变量列表。这是一项人类比软件更擅长处理的技能。在我们到达阈值之前甚至之后，客户成功经理在个性化的健康评分和重构每个客户的独特元素上发挥着至关重要的作用，这样当我们采取行动时，就能以独特的方式为客户量身定制。

最后，作为客户成功的实践者，你将从中获得的最大价值和回报是人际交往。在可以预见的未来，只要人类还在购买和使用我们提供的产品，就需要客户成功经理来作为记分卡的传递者和真诚行为的注入者。这种人际互动将确保每位客户获得尽可能个性化的体验。

***

正如本章前面所描述的，你作为客户成功经理的成功与你如何设计和实现记分卡密切相关。客户的记分卡不是万能的，无法一劳永逸地防止客户流失。然而，利用这些信息促进公司的发展是绝对必要的。在衡量客户健康状况和通过不断发展的客户成功方法提供定制服务方面，你应该关注未来会发生的惊人革新。

尾注

1. Mehta, N., Srinivasan, P., and Robins, W. (2018). Measuring Your Customers. 24 July 2018.
2. Online Etymology Dictionary. (c) 2001-2009. Douglas Harper.
3. Gans, J. and Christensen, K. (2019). Exploring the impact of artificial intelligence: prediction vs. judgment. *Rotman Magazine* (1 January 2019).

10

客户之声与技术触达策略

在前一章中，我们讨论了将健康评分作为一种诊断工具，通过了解客户是否达到了他们想要的成果和体验，可以帮助你更有效地管理客户。在本章中，我们将介绍如何有效地听取客户的反馈并采取行动。我们还将讨论技术触达战略，使用电子邮件自动化和产品内交互来扩大范围，这样就可以在人工不干预的情况下接触到更多的客户。

如何获得有意义的客户反馈

几十年前，B2B公司并没有积极主动地调查他们的客户以获得第一手的反馈。随着时间的推移，调查方法有了显著的改进。你可以争辩说，公司对他们的客户进行了过多的调查。尽管如此，他们对这些数据做了什么？在这一点上，公司面临的挑战是虽然拥有数据，但仍然没有一种一致的闭环方法可用于提升客户体验。我们经常发现，并不是所有的客户都有合适的机会提供反馈，或者反馈没有得到有效的处理或升级。当跟进时，我们不知道它是否有效。

因此，迫切需要使获取客户反馈的过程更加一致和可预测。为了做到这一点，我们建议采用四步法来识别并根据客户体验反馈采取行动。

- **倾听客户的心声**：只有一种方法可以获取反映客户体验观点的数据，那就是倾听客户的意见。
- **捕捉客户之声**：实时地根据客户信号采取行动，并确保所有“客户之声”反馈程序都包括响应闭环和行动计划。
- **提高过程的可见性**：根据客户体验分析进展。该分析为管理人员、团队和客户成功经理提供了可见性。
- **在组织层面接受输入**：根据相关部门的输入改进客户体验。

倾听客户的心声

获得客户反馈的第一步是征求反馈，然后倾听客户的意见。如前所述，强烈推荐的聆听方法是净推荐值调查。调查应该每六个月给每位客户发一次。决策者通常会倾向于回应电子邮件调查，而终端用户会倾向于回应产品内部推送或被产品触发的调查，因为它更及时，更富含情境。而客户满意度（CSAT）调查，应该在主要交互之后或支持工单完成时立即发送。

承认反馈

一旦你听到了客户的反馈，就必须采取行动。对于你的高价值客户，有必要人工进行触达并认可他们提供的输入。你需要为小客户们设置更多的自动化服务。如果你正在回应一个支持的NPS反馈，发送一封感谢的电子邮件，请求他们参与你的客户推荐计划。记住，代言人是你最重要的客户支持来源。另一个选择是在线宣传项目，如G2 Crowd或TrustRadius。图10.1是一个简单的电子邮件模板示例，用来感谢答复问卷的客户。图10.2是邀请客户参与宣传项目的电子邮件模板示例。

> **感谢您的问卷答复**
>
> 嗨，亚历克斯：
>
> 感谢您花时间与我们分享您的反馈。听起来有一些机会可以提升您的体验。
>
> 我很高兴看到您推荐Gainsight。我们每天都在努力改进产品，支持每一位客户。您的积极评价意味着Gainsight正朝着正确的方向前进。
>
> 我想知道Gainsight在哪些方面做得很好，还有哪些地方需要改进。我将把这个作为我们下次会议的一个行动项目。如果有什么反馈，请告诉我。
>
> 此致

图10.1　一封为获取用户体验而发送的电子邮件

> **感谢您的问卷答复**
>
> 您好，萨拉：
>
> 谢谢您打出的高分！您真让我高兴！如果您有几分钟时间，您是否愿意写一篇快速的评论，让其他人更愿意体验 Gainsight?
>
> 分享您在 Gainsight 上的经验
>
> 此致

图10.2　引导客户宣传的电子邮件跟进示例

如果你在跟进消极的反馈，发送一封感谢的电子邮件，并要求后续电话了解更多细节。如果合适的话，你可以在回复中加入关于产品使用建议的博客文章或新闻链接。跟进一条贬低的反馈时，要快速响应。首先发送一封邮件确认他们的反馈，询问他们的答案，并礼貌地询问更多的信息。最后，如果可以的话，要求安排一次电话或者面对面的会议。特别是对于高价值客户，你可以选择知会高层对接人。

分析信息

现在，你已经收集了反馈并跟进了更多细节，拥有了一个宝贵的信息库。如果你花时间来分析数据，并将其转化为驱动你的公司变得更加以客户为中心的洞察，这将会有所帮助。许多平台都提供了文本分析功能，以发现调查中常见的趋势和词汇。你可以查找与产品和特性、服务（如支持、客户成功）和交付价值相关的内容（图10.3）。了解随时间变化的趋势也很重要。在里程碑事件（如产品发布或用户培训课程）之后确认数据是否有提升或下降。

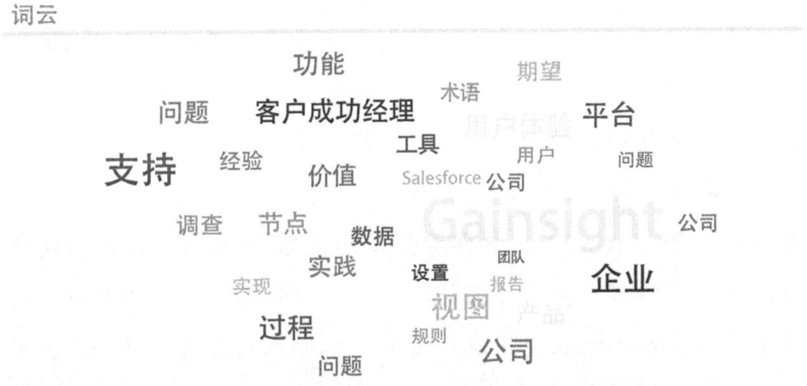

图10.3 基于调查反馈的词云和文本分析示例

实现分析结果

最后，利用这些见解来改善公司内部的个体职能，或者增强跨职能的协作，使公司变得更加以客户为中心。客户成功经理有特权和责任作为客户之声的代表与公司分享这些见解。如果客户响应中存在问题，请与对应部门或团队共享，并落实相关改善措施。例如，如果糟糕的用户界面是导致净推荐值低分的常见原因，请与产品团队分享研究结果。如果新用户引导流程很复杂，并且是低分的常见原因，那么就重新设计新用户引导流程。你还可以创建案例研究并与更广泛的团队共享，特别是如果净推荐值与公司绩效之间存在相关性的话。

客户反馈的潜在价值

当我们开始规划这本书的不同章节和它们的主题时，我们谈到了客户之声和技术触达。有趣的是，由于自动化和非人工联络的关系，技术触达通常看起来像是一个沉默的部分，而实际上不是那样的。我们联系了斯丹芬妮·贝尔纳（Stephanie Berner），她是领英销售解决方案的全球客户成功主管，她分享了对如何从客户，特别是那些主要通过技术触达的客户那里获得有意义的反馈的看法。接下来是斯丹芬妮带来的一个简单而深刻的关于“淘金”的故事。

淘金

斯丹芬妮·贝尔纳，领英销售解决方案全球客户成功主管

在推出我们的客户调查项目后不久，我宣布为团队制定了新的培训课程来培养“挖掘”的技能。在震惊中，团队成员明确反对，并表示他们不会干销售团队的任何工作。“这与客户反馈有什么关系？”他们抱怨着。尽管与他们意见不一，我还是继续推进了。

我给他们讲了十九世纪中期淘金者的故事。1848年在美洲河中发现金块后不久，人群涌入萨克拉门托山谷。可以说他们是一头扎进河底的卵石里淘金。很多人由此获得了点小运气，但他们获得的是显而易见的小金块，没有一个人能赚大钱。少数人选择了一种不同的方法。他们从水流、周围的地质情况，甚至是植被中寻找线索。这些天才的勘探者发现，某些图案暗示着地表下的母矿脉。就是这些淘金者发了大财。

客户反馈的天才之处不在于调查分数、评论、是否有回应等单个数据点。当我们观察周围的线索时，它才会显现出来。关系得分低和对某一特征的积极评价可能暗示着未实现的价值。利益相关者的低沉情绪和高昂的终端用户情绪表明需要利益相关者们更强的参与，而相反的情况则表明潜在的风险。项目管理员的一致回应和新主管的意外回应为开启关于投资回报的新对话打开了一扇大门。

线索导致模式，模式导致洞察，洞察导致行动。当你面对一群客户，

甚至是那些仅通过技术手段触达的客户时，这些金块就会展现出丰富的信息和见解。它们在整个业务中具有无限的适用性：产品、流失预测、利益相关者的参与情况、新出现的机会等。一个简单的对话或者一封电子邮件可以改变任何客户关系的轨迹。

“客户反馈就像金块，”我告诉我的团队，“是的，每一个数据点都是有用的，当我们真正去寻找‘母矿脉’时，我们就发财了。不要停留在分数上，不管是高还是低。就像那些天才的淘金者一样，去寻找那些背后能彰显模式的线索，以便了解到底发生了什么。”我接着说了几个例子，是关于一些成功的客户经理如何找到了他们的“金块”，并把这个概念变成了现实的。

朱迪的客户很少响应，但并不是不健康。基于良好的产品采用，强大的终端用户产品反馈，接近于零的技术问题上报，以及简单、平稳的续费历史，朱迪很容易认为一切都很好。因此，她把时间花在了其他有更多问题的客户身上。困扰朱迪的问题是什么？让客户参与季度业务汇报几乎是不可能的，更不用说接电话了。在她几乎要放弃的时候，她的项目对接人在每两年一次的关系调查中给出了9分的回答。通过进一步挖掘，朱迪在评论部分发现了一个金块：客户喜欢这个产品，但注意到竞争产品似乎在新场景上创新得更快。

正如你所想象的那样，朱迪立即采取行动，把调查结果作为一个“理由”来吸引和培训客户，让他们了解最近的产品创新和新的应用场景。他们一起开发了一个新的成功计划，利用了积极的采用趋势来帮助用户参与到新的应用场景中，并对新功能产生依赖。如果朱迪仅仅停留在最初的数据上——积极的产品采用、没有危险信号、良好的调查分数——她就会错过潜在风险的信号。在六周内，客户不仅承诺续费，还开始讨论增加1倍的资金投入。

凯文是一位认真对待客户关系调查的客户成功经理。这项关系调查是在他的一名团队成员休假时开展的。凯文介入并密切关注他的调查回应，与每一个高价值的客户建立联系。有一次他看到评分是7分，评论是：“我们很开心，只是产品太贵了。”凯文进一步研究了这个情况，发现客户的购买数量在逐年增长，但没有任何批量折扣。在与客户经理沟通后，他们达成了一个定价结构，使客户的购买数量能够以更加可持续的速度增长。凯文主导了与客户的交谈，帮助他们了解更低的账号价格但更长期的协议如何提供更多的价值和更大的成果。

海莉是企业客户成功经理。她在反馈数据中发现了耐人寻味的不匹配内容，并把它变成了一个机会。决策者的净推荐值始终是消极的。主要的对接人不愿意对产品进行持续的用户引导和培训。这限制了可应用的场景，并阻止了他们的项目向前发展。为了寻找信息，海莉成功地获取了该客户的终端用户产品净推荐值。她找到了一条“母矿脉”！终端用户的净推荐值分数一直很高，他们对其价值赞不绝口，还要求通过更多的培训，让他们能够用产品做更多的事情，并同时淘汰其他不太有用的产品。在接下来的季度业务汇报中，海莉在投资回报叙述的部分中，展示了强大的终端用户净推荐分值。更重要的是，她拿出了终端用户的直接反馈，以展示用户要求更稳定的培训。客户同意开展一个以培训和开发新场景为核心的成功计划。这完全降低了潜在的流失风险，改变了双方关系的轨迹。此外，海莉用这个故事向产品团队展示了与客户成功经理分享终端用户净推荐值数据的重要性。

在斯丹芬妮和我们分享了这些故事后，我们明白了为什么她的团队如此受鼓舞地去寻找他们自己的“金块”。这只是一个例子，作为客户成功专家，你永远不能停止倾听客户的声音。你可能需要多挖掘一点，在偏远的地方找到反馈，但如果你这样做了，你就有机会把它变成成功的真正财富。

技术触达：低接触客户成功的秘密

在本书的前面，我们讨论了“细分”的主题。其中没有提到的一个问题是“低接触”或“技术触达”客户。大多数公司通常都有一组“长尾”客户，小客户占多数，每个客户贡献的收入都很低。“长尾”一词最初是由《连线》杂志（*Wired Magazine*）的前编辑克里斯·安德森（Chris Anderson）在他的文章和2006年出版的书籍《长尾理论：为什么商业的未来是小众市场》中都介绍了这个概念。[1]长尾是指不太受欢迎、需求不高的商品的总量可以增加总体利润。在SaaS行业和客户成功领域，“长尾”适用于较小的客户，将他们合并为整体时，可能带来一个大型的、可盈利的业务。他们可能没有企业客户那么高的知名度，但他们也没有能够蚕食利润的需求。随着时间的推移，你会发现这些技术触达的客户具备持久力，且总体上是赚钱的。

从经济角度考虑，你很难再为这一分组配备客户成功经理来向技术触达型的客户提供服务。即便你的业务在这一分组有高额利润，你可能听到的最常见的讨论是“我们的客户成功经理过度劳累”或“我们的客户成功经理花大量的时间在做重复劳动”或“我们有太多中小型企业（SMB）的客户，我们的客户成功经理不可能有效地触达每一个客户”。如果这些听起来很耳熟，就需要使用技术触达战略来武装你的客户成功经理。

有一点很重要，那就是拥有大量的技术触达型客户并不意味着你放弃了客户成功经理的角色。客户成功经理的目的是非常关键的。“技术触达”意味着你将从自动化和数字化的交互方式开始，以达到更大的规模，并只在需要的时候使用人工介入。如果实施得当，你的技术触达策略的目标是通过自动化流程来有效地管理长尾客户的整个生命周期。其理念是在大范围的客户中暴露风险和扩展机会，最终目标是只在最关键的情况下考虑人工介入。在本节中，我们将讨论技术触达项目中最常用的应用场景。

新用户引导技术触达工作流

如果公司的产品相对容易初始化，或者客户的上手时间能够以天而不是以周或月计算，那么公司就应该为产品的新用户引导流程认真考虑一种技术触达策略。以下步骤可以帮助你考虑哪种工作流最适合你的公司和客户（图10.4）。

- 在潜在客户签署合同并成为客户后，在一两天内联系他们以表示欢迎，这是很重要的，向他们展示在接下来几天中应该期待什么，以及他们需要什么。你可以通过电子邮件来开始这个过程。
- 早期的参与很重要，因为这意味着你有机会开始构筑一段关系。充分利用早期阶段。如果客户没有打开电子邮件，没有点击你高亮显示的任何链接，你应该考虑到这是一个风险，并让人工立即介入纠正。初期的进展将为今后的关系奠定基调。

- 几天后，发送第一批培训课程的电子邮件，提供产品或服务的介绍。此外，电子邮件中还应包括技术支持流程链接，如电话号码或支持站点的链接，以防出现任何技术难题。
- 如果客户继续按照计划进行，在与他们联系之前先等几天。然后给他们发送一封邮件，列出安装说明——他们可以下载，然后点击进行后续配置。
- 如果配置成功，客户开始使用该产品，请发送一些提示和技巧来帮助他们使用基本功能。你可以使用电子邮件或产品内弹出式的信息来传达同样的内容。
- 当他们在活跃使用你的产品并持续使用一两个星期时，给他们发送一条祝贺信息。如果此时客户没有完成任何的新用户引导培训流程，试着发送提醒，如果这不起作用，让人工介入并与客户交谈，帮助他们回到正轨。
- 最后，通过电子邮件或产品内信息来完成客户满意度调查，以便更好地了解整个过程中的体验是否让他们满意。如你所知，你可以从这些调查中学到很多东西。

续费管理技术触达工作流

对于有订阅收入的公司来说，另一个重要的工作流是续费工作流。下面是一些步骤，可以帮助你为客户实施续费工作流（图10.5）。

- 在合同到期之前的90~120天，联系他们，确保他们知道这个即将到来的里程碑。你可以设置在那时触发一封电子邮件，或者发送产品内部信息。有些公司还会在同一封电子邮件中，针对客户的续费可能性进行调查。例如，“此时你有多大可能更新×公司的订阅”，选项是不太可能、不确定和可能更新。
- 如果客户没有打开邮件或没有回复问题，你应该考虑客户流失的“风险”，并让人工介入。如果客户表示不确定或不太可能续费，请客户成功经理联系客户。

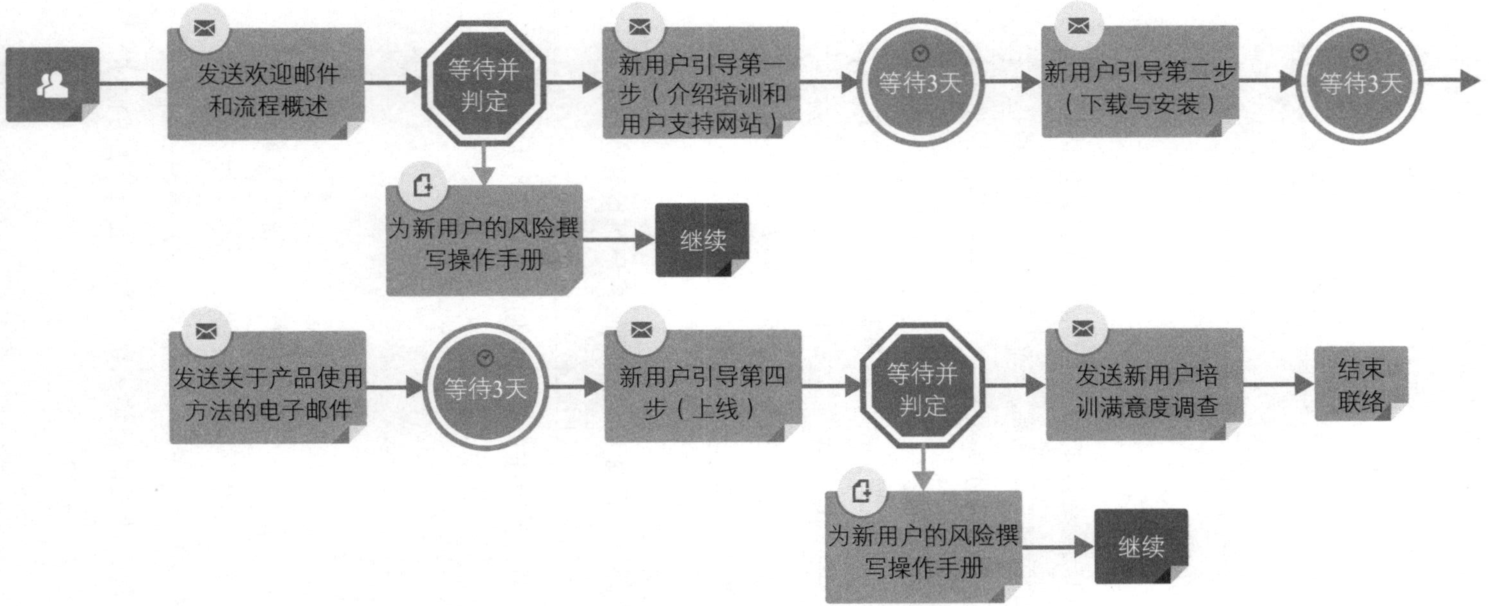

图10.4 一则新用户引导技术触达工作流示例

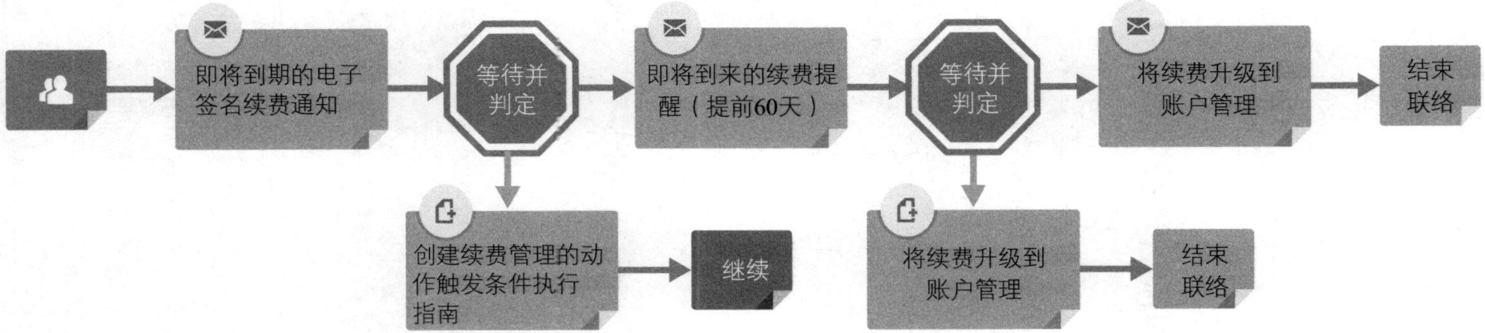

图10.5 一则续费管理技术触达工作流示例

- 在合同到期前60天通过电子邮件或产品内的消息提醒客户也是一种最佳实践。一些公司还通过折扣、活动门票、免费服务或培训来鼓励客户（尤其是那些“不确定是否续费”的客户）提前续费。
- 最后，当客户完成续费后，自动向客户发送一封感谢邮件，感谢他们选择了持续的伙伴关系。

风险管理技术触达工作流

积极主动地管理客户风险是客户成功经理的基本活动。使用技术触达从而覆盖更大规模的小客户是大多数公司的关键工作流程。一个典型的应用场景是：在过去几天内，产品或服务的使用量显著下降或无人登录。下面是一些使用技术触达时需要谨记的指导原则（图10.6）：

- 每隔30天，评估哪些客户对产品或服务的使用量有所下降，并向他们发送一份使用量变化的报告，让他们可以选择与客户成功经理进行交流。
- 在等待几天之后，跟进一些案例研究或提升产品使用的方法。你还可以利用最新的产品功能发布说明来为用户提供新的升值技巧，促使用户重新登录到系统中。
- 如果数据提升了，通过电子邮件或产品内消息询问客户，检查哪些内容是他们认为有用的。这将有助于进一步推广最有用的内容。
- 如果这些邮件在接下来的几周内没有被阅读或者使用量没有增加，让客户成功经理给客户打电话。

客户宣传管理技术触达工作流

一旦客户发现了你的产品价值，这就是一个让客户成功经理邀请客户成为你公司的代言人的很好的机会。对于较小的客户，明智的做法是使用技术触达来扩大宣传工作流所覆盖的规模。一个典型的场景是，当客户响应净推荐值问卷或客户满意度调查，同意成为你公司的宣传者时，请求客户为你进行相应的推广（图10.7）。

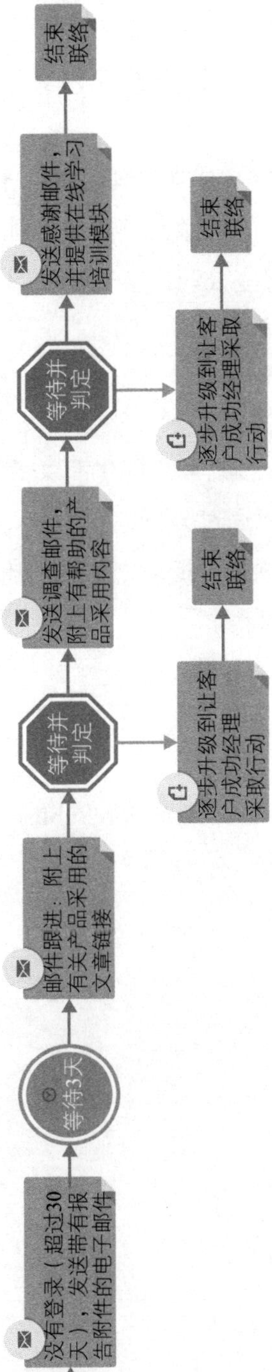

图10.6　一则风险管理技术触达工作流示例

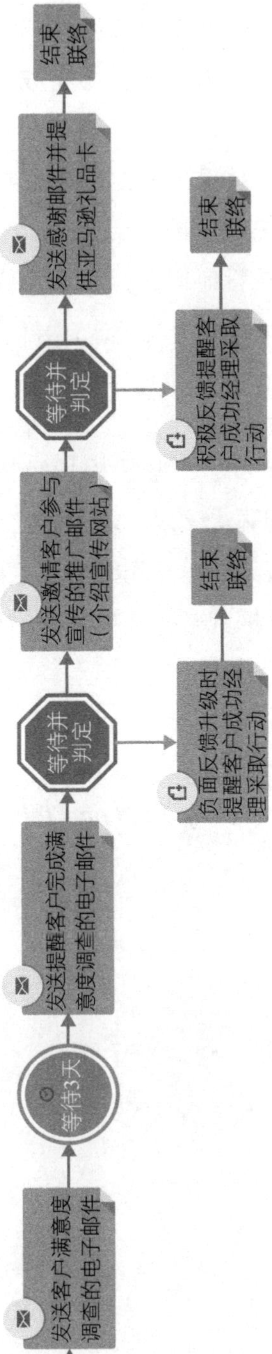

图10.7　一则宣传管理技术触达工作流示例

- 通过电子邮件或产品内通知自动发送调查。如果客户已经打开邮件但没有回复，或者客户已经完成了部分调查但还没有提交回复，你也可以发送提醒。
- 如果客户对调查的反应是负面的，提醒客户成功经理跟进更多细节。
- 如果客户对调查的反应是积极的，你可以发送另一封电子邮件或产品内通知，看看他们是否愿意为你宣传。有些公司还会送小礼品卡或其他礼物，感谢他们完成了调查并同意成为宣传者。

***

本章已经提供了一些模板和经验，帮助你形成客户提供有关产品和公司的体验反馈后的闭环。这是一个信息宝库，你可以通过分析把你的公司带到更高一级。你还应该有策略地使用数字化旅程来对客户进行规模化触达。随着进入下一章，我们将深入探究一些其他关键的客户成功过程。

尾注

1．Anderson, C. (2006). *The Long Tail*. New York, NY: Hyperion Publishing.

11

帮助客户实现他们的业务目标

帮助你的客户实现他们的商业目标是你作为客户成功经理的工作顶峰。光有想法是无法让你达到目标的，你必须以行动为导向，与你的客户合作，为他们的成功制订具体的计划。你的计划必须包括双方达成共识的里程碑和数据指标，以客观地衡量成功。接下来，通过主动监控，你将帮助客户使用你的产品，并指导他们应对任何变化所带来的挑战。

当然，如果没有一个优秀的产品，产品采用将会困难得多。因此，你需要对客户情续和产品的实际使用有敏锐的认识，他们可能在哪里遇到困难，他们喜欢什么，他们不喜欢什么。因此，当你为当前和未来的客户倡导更好的产品时，你应该与公司的产品团队保持一致。

最后，你需要确保客户得到相应的培训，了解正确和最佳的使用方法。然而，很多时候，面向客户的内容、培训和补充材料是完全不同的，而且没有在你自己的公司内进行很好的协调，这使得要将最好的信息送到客户手中以满足他们的特定情况，是很有挑战的：你需要在正确的时间向正确的客户传递正确的信息。我们将在这里讨论这些内容。

采用管理：如何主动地管理产品的使用和采用

采用管理或术语“采用”指的是客户以最优的方式使用你的产品的过程。这通常由使用它的总人数、频率和可用功能的使用率来衡量。通常它是作为上线的一部分开始的，或者在实施之后不久开始，但是它更容易受到客户如何处理广泛使用需求所带来的变化的影响和控制。换句话说，人类是习惯的生物，将你的产品引入他们的工作流程是一种破坏和改变。有时候这种改变是受欢迎的，有时它会遇到阻力。

客户成功经理主要负责提升产品采用，即要让客户积极使用你的产品。他们是否已将其运用到日常操作和工作流程中？它们是否达到了预期价值？如果答案是肯定的，他们续费的可能性要大得多，这自然会成为扩展的机会。毫无疑问，正如我们从第2章中引用的相同调查（图2.1）中了解到的，对于客户成功团队来说，“提升产品采用”是首要的3个优先事项之一，这是有充分理由的。

有趣的是，几乎每个公司对采用管理的处理方式都不一样。尽管如此，我们还是听到了一些共同的担忧：

- 我们不清楚哪些客户在产品采用中遇到困难。
- 即使我们可以确定客户的采用水平是在提高还是在下降，我们的响应也是不一致的。
- 我们的干预措施耗时太长，而且效果不可预测。
- 关键客户利益相关者（如客户成功团队的主管或核心用户）没有关于采用的信息，因此无法实时管理他们团队所面临的采用挑战。

各类公司都需要一个标准的最佳实践采用框架，用于提供以下内容：

- 识别、诊断并快速为那些没有充分利用产品的客户提高优先级。
- 通过自动化触达和标准手册提供一致的、可规模化的介入。
- 了解哪些方法对提升采用和实施产生了最大的影响。

图11.1说明了采用管理的良性循环，在此你必须首先确定“采用”对你的产品意味着什么。其次，优先考虑哪些客户需要介入，并采取适当的人为主导或数字化主导的行动。最后，根据所学到的经验，改进跟踪和优先级阈值，优化并重复这个方法。

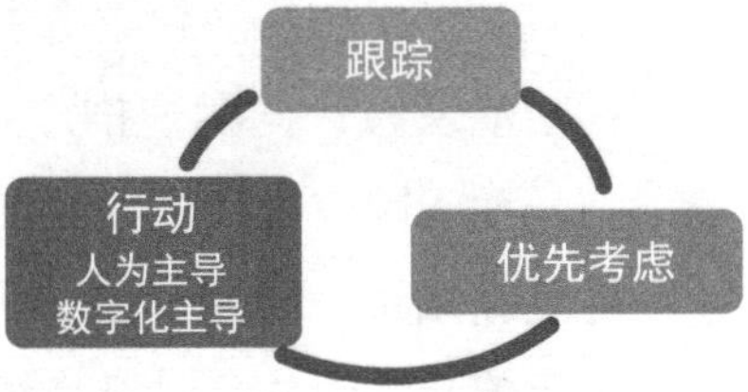

图11.1 采用管理周期：跟踪、优先考虑和行动

在实施上述方法时，为了成功地提升客户对你的产品的认可度，需要考虑以下四个基本面：

1．基于所有客户建立一个标准的方法，根据不同的客户细分，确定健康的和不健康的采用是什么样子的。参见关于健康评分的第九章。

2．设计标准脚本，或者通常称为“执行手册”的东西，详细说明在各种采用情境下应该采取的步骤。以下是一些你可以考虑的额外思路：

- **部署审查：**调查让你的客户激活账号、启用功能、完成初始培训、下载软件、完成第一次访问页面或服务的机会。如果他们没有开始使用产品或服务，他们就无法健康地采用它。手册中的典型做法是从与销售或培训团队一起检查那些未部署的账号、未启用的功能的预期用途开始。然后联系你的客户对接人，并共同创建一个行动计划来逐步解决问题。
- **椅边面谈：**在实地向终端用户学习，以确定知识和使用的差距。和使用产品的人坐在一起，观察他们是如何工作的。这可以是虚拟的，也可以当面进行。你需要利用这个机会来确定他们对产品知识的掌握水平或识别其中的差距。然后，你可以更好地推荐改善项，从而提高整个工作流程的效率和效果，以及推进相关的培训项目。

- **实例优化：**评估客户的产品配置，并提出优化项，以更好地匹配他们的需求（通常在进行椅边面谈之后）。这个过程可以帮助减轻“技术债”——软件开发中的一个概念，反映了一种隐含的成本，指由于现在选择一个简单或有限的“止血”方案，而不是使用需要更长时间、更好的解决方案所导致的额外返工。
- **采用审查：**仔细检查客户中的最佳用户是如何利用你的产品的。找出他们与他人不同的行为模式，并试着理解原因。
- **与终端用户的共同办公时间：**为用户们安排一个固定的时间来咨询任何有关可用性的问题或提供特别的反馈。
- **功能发布：**向客户推广新版本，特别是当新版本解决了客户可能面临的长期问题或挑战时。突出体现用户体验的改善，比如减少点击次数。
- **更新培训：**提供一次更新过的培训，特别是在最初的实施过程中产品采用停滞不前并且已经持续了好几个月的情况下。
- **最佳实践指导：**讨论改变所带来的管理挑战。同时，与客户的利益相关者分享其他客户在做什么以促进其更好地使用你的产品，以及由此对业务产生的影响。在某些情况下，明智的做法是将客户介绍给其他在应用产品或服务时更健康的客户。
- **产品采用提升活动：**使用滴水式活动（指一种重复联系或反复接触潜在客户的活动）组织一个即使是健康客户也没有用好的小众主题或功能的沟通。

3．确定哪些客户需要关注。关于这一点，你无法在规模化上做得很好。你需要利用技术，基于你所设置的标准和通知阈值来帮助最需要关注的客户浮出水面。几个简单的仪表盘可以显著提高你在正确的时间为正确的客户进行干预的能力。图11.2显示了由客户成功经理进行人工筛选的所有客户的热力图，以及健康评分中的哪些指标是问题区域。如果你看到部署得分是深色的，你可以运行部署审查；如果采用得分为深色，你可以优先对产品采用效果进行审查。图11.3是关键运行状况指标的每周趋势——它展示了你的行动（如部署审查、采用审查）是否达到了提高部署和采用得分的结果。

账户得分

				客户成果			
客户名称	客户成功经理姓名	到期时间	整体分数	所属分组	部署阶段得分	参与度得分	产品采用深度得分
机密	机密	机密	78	43	40	0	100
			80	73	40	100	80
			60	63	60	100	60
			59	37	60	0	20
			88	57	40	60	80
			88	63	60	60	60
			58	17	20	0	60

图11.2 由客户成功经理管理的客户的简单视图（包括客户分组和采用分数）

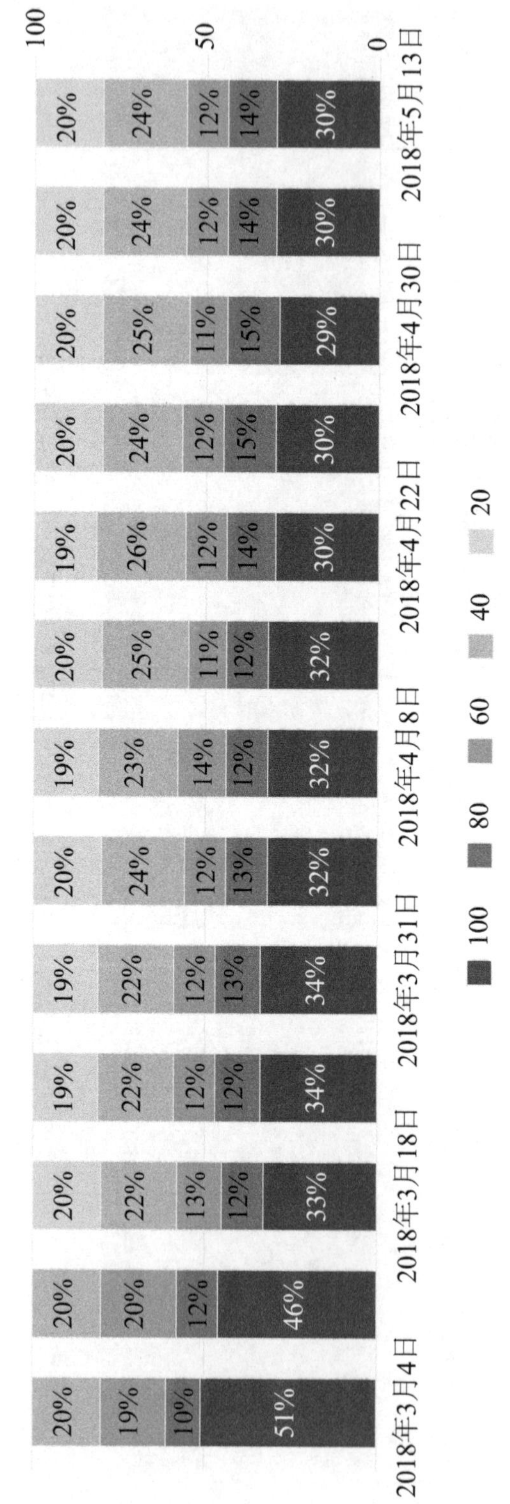

图11.3 客户成功经理负责的客户中部署和采用状况的每周趋势

4．与客户共享采用信息。客户需要知道他们是否从购买中获得价值，以及如何获得更多。其中一个关键指标是产品是否被使用。更重要的是，这最终要靠客户成为他们公司内部的捍卫者，因为你无法单方面为客户解决采用问题，向他们提供采用数据将帮助你相应地做出调整。为了快速实现规模化，你可以每周通过电子邮件与客户对接人共享采用信息（图11.4显示了用于共享采用信息的电子邮件模板）。

Gainsight

亲爱的肖恩：

下面是最近使用Gainsight的快照。这些报告每周通过Copilot发送。要了解如何通过它发送报告，请点击这里。如果您有任何其他问题，请联系您的客户成功经理。谢谢您！

这些报告及许多其他的报告，可以通过Gainsight管理后台在Gainsight 360 访问，以了解更多关于Gainsight 360的信息以及如何使用它。

页面浏览量

您的Gainsight实例中所有页面浏览量的总和（最近3个月，每周合计）如下：

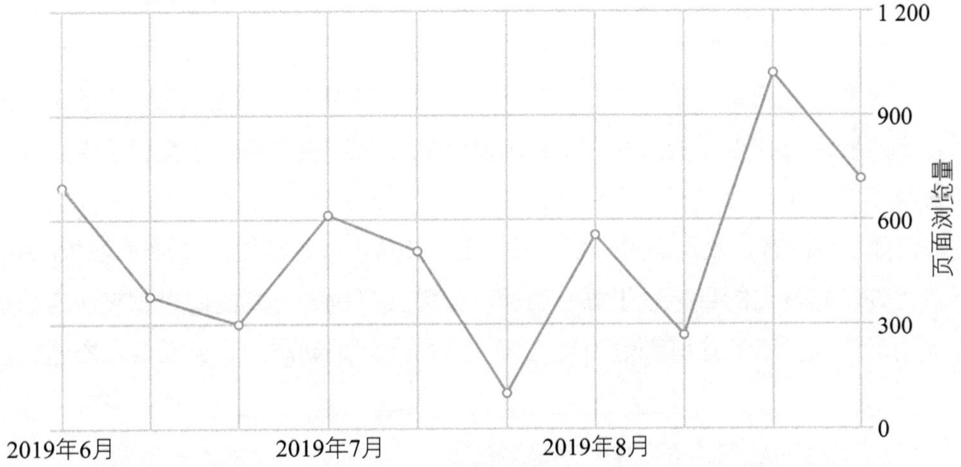

图11.4　用于与客户共享采用信息的电子邮件模板

成功计划：确保客户得到他们期望的长期结果

成功计划是供应商和客户相互认可共同目标的过程，包括实现目标所需的战术步骤、沿途衡量成功的关键里程碑，以及与实现目标相关的时间线。它的作用是促进双方对设定目标的共同责任，通常是在你与客户接触的初期制订，但不仅限于新客户。成功计划应该对以下问题做出准确而全面的回答："我们必须完成哪些具体的事情？我们如何知道我们已经做到了这些，以确保你每年都会续费？"

然而，有时你也需要制订一些临时的计划，把重点更多地放在短期目标上。这些策略包括为处于风险中的客户制订良好的计划，以协调跨职能的协作来推动客户的成功；推动客户成为你的产品和公司成熟的"代言人"的宣传计划；针对客户目标设置的特别目标。

首先确定你想要用正式的成功计划支持哪些客户和哪些群体。确定它们是为最具战略意义的客户提供，从而为每个客户定制，还是你计划在相似的客户中对它们进行标准化。考虑从一小部分客户入手，为此制订成功计划并坚持执行。当然，这需要建立一个持续的过程，当你开展成功计划并将更多客户纳入其中时，可以重复这个过程。该过程必须包含三个主要步骤：找出客户的业务目标，确定实现这些目标所需的行动，然后按计划采取行动。

建议跟我们一样，使用一个简单而通用的框架来创建成功计划。阶段和相关步骤是不言而喻的。然而，重要的是要注意成功计划不是静态的。客户成功计划不是"设置好就忘记"的，它们是动态的，需要被管理和定期关注。如图11.5所示，它是一个正在进行的过程。如果成功计划进展迅速并完成了交付价值，你将需要与客户一起设定下一组目标。客户的业务目标可能会随着优先级的变化而变化。例如，你的客户收购了另一家公司，现在整合该公司将取代前面讨论的所有目标。也许年初设定的目标过于雄心勃勃，你需要在执行计划的同时重新设定目标实现的时间点。所有这些都是为什么客户成功计划是动态的，并需要不断迭代。

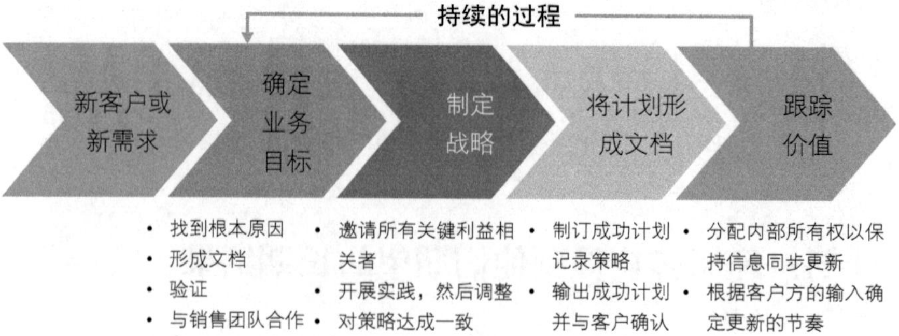

图11.5　成功计划过程

确定业务目标

为了确定业务目标，在最初的“欢迎”新客户的关键时刻就要进行对话。你的目标是建立深刻的理解，要超越销售团队在他们的商务流程中所获知的以及可能与你分享过的内容。准备好在多次会议上讨论这个问题。考虑客户组织中的各个横向的和纵向的利益相关者，他们可能会提供重要的信息。同时，在你计划开展对话之前，与你期望的人建立适当的期望。一定要建立定性和定量的成功衡量标准（表11.1）。

表11.1　定量和定性的成功衡量标准及相关误区

确定业务目标	误区：客户指定的目标
定量： • 在下一财年实现留存毛利率增长10% • 在30天内完成90%的新人培训 • 在客户使用产品的最初三个月，将问题升级次数降低10% **定性：** • “增加与销售合作的示例” • “将所有每日和每周报告进行自动化” • “增加客户对新产品的可见性，带来扩展机会”	**不切实际：**“今年将客户净推荐值提高50%。” **不是真正的目标：**“我想要50%的用户使用新功能。”客户不是想要用新功能，他们想要在业务上获得成功，应该衡量后者。 **不可衡量：**确保无论客户提出什么，它都能够被衡量，不然它会被认为是主观的目标。 **杂乱无序：**“废弃MySQL 系统迁移”或类似的术语对最终签署续费协议的高管们来说毫无意义。你需要说明对他们真正重要的是什么以及对业务的影响。 **锦上添花：**向客户提出挑战，询问他们这是必须的还是可有可无的。询问他们公司和部门的战略优先级，问问他们在这个季度、年度，将如何衡量。 **模棱两可：**“开展更好的销售对话”是很棒的，但是你怎么知道你是否做到了呢？你需要使它更具体。

制定战略

制定战略的目的是让利益相关者们就他们的业务目标首先达成一致，并了解需要通过产品和服务解决的具体挑战。向他们分享你的建议或已被证明的最佳实践，然后让整个团队开始熟悉它们。要求客户根据列出的其他内容对每个业务目标进行优先级排序。说明哪一方的相关者将获得最大的利益。找出这其中是否有任何很明显、快速的胜算。实现目标的最佳成功计划包括你和客户双方公司中的关键贡献者和其他责任人。

将计划形成文档

在成功计划中分别记录每个目标的细节。把它表示为目标价值，比如“在下一个财年将客户留存率提高10%”。接下来，记录当前值，这样每次重新查阅成功计划时，就可以衡量进展情况。在此之后，将每个目标分为定量或定性的。如果是定性的，也要确保获得主观标准，使得该目标达成与否能够被衡量。

跟踪价值

你需要通过以下三个步骤来跟踪价值和客户目标的实现：

1．**驱动进步**。在每次发生交接或关键时刻到来时，回顾成功计划。记录任何有关责任人的变化，并逐一验证包括优先级和可达成性在内的目标。一定要高度关注接下来的步骤，并与你的主管进行内部沟通。利用高层业务汇报和其他周期性的会议来保持这个势头。

2．**记录和展示成功**。在高层业务汇报和定期会议期间，务必记录每个目标的任何更新，并讲述朝着目标实现的积极趋势。如果已经达成一个目标，从客户那里确认它已经实现。确认信应以书面或电子邮件的形式发出，然后与客户一起庆祝成功，并在内部分享这个好消息。

3．**确认和更新业务目标**。商业环境是动态的。这意味着你的客户成功计划偶尔需要中途改变。尽可能利用自动化和技术手段给他们发邮件，列出目标和相关的达成标准，让他们确认或给出评论。在与客户的下一次重要会议之前，你可以将此作为一个有效、反复的练习，并掌握特定目标“最后一次确认”的时间。

最后，人们常说客户成功是一项团队运动。同样，成功计划不仅仅需要客户成功经理的投入，还需要公司内部的跨职能协作，通常需要服务和销售团队的参与。图11.6描述了每个团队如何为成功计划的创建增加价值。可能还有其他团队在成功计划中扮演着有意义的角色。例如，产品团队可以优化产品以更快地实现目标；考虑到可能发生的紧急问题，支持团队可以确保产品启用顺利进行。

	确定业务目标	制定战略	将计划形成文档	跟踪价值
成功	构建深刻理解	引导客户达成理解和协议	创建成功计划并与客户确认	根据客户的意见维护计划 记录和监控进展，以保持成功正常进行
服务		建立详细的产品和服务的目标地图		记录和监控进展，并提醒客户延迟
销售	发现（销售过程中）并转化为成功	产品和服务的需求（在销售过程中）		监视进展以通知扩展和续费有关的对话

图11.6　成功计划：一个跨职能的协作过程

产品体验——改进产品是你的第一要务

我们已经了解到，本章前面部分介绍了产品采用管理和成功计划，通过遵循两者的最佳实践，客户能够有序地达到他们想要的目标。同样，你必须认真对待并接受帮助自己的公司改进产品的思维模式。这是因为客户成功经理们经常一整天都和客户在一起，协助、培训、指导、建议并帮助客户从产品中获得价值。

虽然本书致力于讲述客户成功经理最重要的行动和活动，但简单的事实是，他们通过对产品的使用从根本上帮助客户解决他们的业务问题。正是因为如此，客户成功经理必须在帮助产品提高成熟度上发挥重要作用。作为客户成功经理，产品必须是第一位的，因为产品确实是客户选择你的唯一最重要的原因。

所有的成功都与产品有关

没有好的产品，任何公司都无法生存。想要蓬勃发展，尤其是在SaaS领域，就需要在市面上推出最好的产品。更进一步说，如果你试图糊弄客户，让他们从一个不合格的产品中找到价值（而这并不符合他们的需求），就违背了客户成功所代表的一切。你怎么能让客户通过勉强使用一个并不合适的产品来取得成功呢？

我们曾多次听到我们自己的客户成功先驱者丹·斯坦曼说：“如果你是真正

伟大的客户成功经理，也许仅仅基于你个人所建立的关系和忠诚度，就能争取到第一年的续费。但基于同样的理由，你不会得到第二次续费。最后唯一能保证续费的，是客户是否从你的产品中获得价值。这就是为什么改进产品必须被放在第一位。”对于客户成功经理来说，这也意味着要敏锐地意识到数字时代浪潮是如何影响客户期望的。

作为数字时代的消费者，你能够直接感受到技术正在以惊人的速度刺激消费者的期望。根据《华尔街日报》（*Wall Street Journal*）一篇题为《客户体验是数字时代关键的差异化竞争》的文章，“曾经让客户高兴的体验很快就会成为他们的常规期望”[1]。例如，在飞机上使用Wi-Fi曾经是一种创新的奢侈。现在人们理所当然地期望用到它，如果无法提供或连接出问题，就会表示不满。

作为客户成功经理，你可能会和主要的客户建立定期会议和业务回顾机制。由于你与他们直接接触，那些被通知到的利益相关者们应该有一种高价值的体验。但是，成千上万的员工在你的客户那里工作，他们使用你的产品，却没有机会与你交流吗？作为客户成功经理，你如何为他们提供良好的客户体验？坦白地说，你根本做不到。最终为所有客户提供了首要的体验的，是产品。产品是在个人层面实现客户成果的主要工具。产品无疑是交付客户成功的最具规模效应的方式。

客户成功经理和产品团队需要彼此

你可能会告诉自己，改进产品体验是产品团队的工作。虽然从组织图的角度来看这可能是真的，但事实是，产品团队需要客户成功团队，反之亦然。产品团队面临着一项艰巨的任务，即了解整个客户市场的需求，同时为企业关注未来的市场机会。在这样做的同时，他们必须在公司所提供的有限资源中取得平衡。对于拥有数十万客户的公司来说，要在广度和深度上深入了解客户变得越来越困难。产品团队被期望能开发出帮助客户克服与终端用户产品采用相关的管理变革障碍的产品。

客户成功团队的优势在于他们能够深入挖掘客户需求，同时影响客户组织内部的变化，从而实现产品的价值。你需要与产品团队建立强大的伙伴关系，为能够创造更高的续费率和带来扩展机会的产品体验奠定基础。

崔维斯·考夫曼（Travis Kaufman）比大多数人更了解客户成功团队与产品团队之间的关系，他是Gainsight的增长团队副总裁。他说：“重要的是要认识到，产品团队和客户成功团队必须协同工作，制定出更全面的产品战略。把产品放在第一位是真正的团队力量。通过我的职业生涯，我了解到虽然产品战略可以与商业目标相一致，但只有当你更深入地研究产品使用模式时，才会完全了解到它才是指向客户流失的主要指标。你还需要获得终端用户的足够投入。”

与产品团队合作

那么，怎样才能在客户成功团队和产品团队之间建立值得信赖的伙伴关系呢？第一步是必须在团队之间建立双向沟通。产品团队需要听到客户的反馈，而客户成功团队需要了解产品是如何迭代来满足客户需求的。大多数情况下，这两个团队只会在危机时刻才走到一起。“我们最大的客户快要流失了，是因为产品不能实现×××。我们必须尽一切努力来拯救这个客户！”如果你在科技领域待过一段时间（哪怕很短），这听起来也应该很熟悉。

积极的交流还能鼓励更好地采用新产品的功能。建立一个月度（如果你是一个快速发展的初创企业）或季度（如果你是一个更大的组织，已经证明产品与市场的契合度）论坛，在那里产品团队和客户成功团队可以一起讨论新的产品功能。同时也为客户成功团队预留时间，让他们主动提名客户会买单的新功能。当特定客户要求的功能上线时，这也是一种很好的收尾方式。

第二步是定义和监控一个产品团队和客户成功团队可以共用的成功度量标准。这个度量标准应该与绩效评估和浮动薪酬挂钩，这样每个团队都会直接进行投入。这暗示着不要选择滞后性的指标，比如客户流失率。更确切地说，要找出一个能代表客户是否从产品中获得价值的关键指标，比如在前一章中介绍过的每日活跃用户数。

在客户成功团队和产品团队之间建立信任伙伴关系的第三个策略是建立对未来产品方向的共同理解。产品团队处于一种不断发现和筛选值得追求的想法的状态。你希望他们最终能够使客户面临的普遍问题浮出水面，并且使客户愿意为解决这些问题而付费。产品团队所采用的战术之一是测试版程序——预先发布一版软件，让一组用户在真实环境中进行尝试。客户成功团队可以识别适当的的内测客户，并确保反馈能及时传达给产品团队。

如果你已经发布了一个优秀的、有用的产品来满足客户的需求，并且让客户取得了成功，这不仅仅是拥抱客户成功理念：而是释放出了产品的全部潜力。

***

赢得客户并不是单打独斗，这需要像交响乐团的演奏者一样，大家一起参与，以帮助客户实现他们的目标。我们已经了解到，这需要在产品采用阶段对客户进行持续的监控和管理，并在进展开始停滞时进行干预，同时还意味着你的客户利益相关者必须明确什么是成功，更重要的是如何衡量成功。

然而，仅仅帮助客户实现他们的目标是不够的。你还需要关注产品的持续改进，以及客户对产品的体验。在为客户创造长期价值方面，产品改进是最有效的杠杆。他们如何学习使用你的产品很重要，同样重要的是减少你所提供的内容中的干扰信息。你需要一个能够在正确的时间为正确的客户创建正确内容的系统。采用这种全面的方法将有助于你寻求客户的成功。

尾注

1. Wladawsky-Berger, I. (2018). Customer experience is the key competitive differentiator in the digital age. *The Wall Street Journal* (20 April 2018).

12

通过会面、积极的风险管理、客户流失分析、扩张和宣传来推动收入增长

重要的是要记住客户不是单一的实体，而是由多位利益相关者组成的，如决策者、功能负责人、用户、IT团队和高管。这些利益相关者中的任何一位都可以对产品价值有完全不同的定义。在本章中，我们将分享一些管理这个多利益相关者环境的最佳实践，并介绍一些行之有效的策略来处理客户风险，以及（如果可能的话）尽早避免退订和流失。如果客户流失，从经验中吸取教训同样重要，要防止今后出现此类情况。这些都是客户成功经理工作的关键流程。

利益相关者对齐：如何管理客户中的发起人和其他利益相关者

我们经常从客户成功和销售主管那里听到，客户流失或减少付费（收入降低）有两个常见原因：一是高管中的发起人发生变更；二是高管发起人在产品或服务中无法感知到价值。当深入研究这些问题时，发现其根本原因可能有以下几点：

- 作为客户成功经理，你没有意识到客户业务的优先级在不断变化。
- 你没有跟上“价值”对他们的意义的变化。
- 你的公司并不是高管们最关心的。
- 你没有与客户组织中多个层次的关键影响者建立联系。
- 当支持者离开时，你措手不及，特别是在大量的中小企业领域，很难密切关注所有高管的变动。

作为回应，我们应用了一个以客户成功为中心的框架来运行高管发起人计划。这一计划目的很明确：当客户改变优先级和战略时，保持与客户的主管和决策者的一致对于保持和推动组织增长、帮助他们实现目标至关重要。如果执行得好，还可以创造扩展的机会（交叉销售和向上销售）。你只需按照下面建议的六个步骤操作该流程。

步骤1：定义并绘制关键角色

与客户分组类似，你需要与客户中的发起人、购买者、系统管理员、关键用户和采用倡导者一起识别具有相关目标、需求、挑战和动机的人。你的主要关注点应该是决策者和有影响力的人，以及任何潜在的“阻碍者”。我们还建议在CRM系统的联系人表格中添加一个“人物角色”字段。下面是一些例子：

- 首席执行官、首席财务官、首席运营官——如果他们对购买决定至关重要的话。

- 发起人、购买者——通常是高级副总裁或职能线的副总裁，他们倾向于使用你的产品或服务。
- 影响者——首席信息官、IT、运营。
- 系统管理员和超级用户。
- 采用倡导者——往往是职能团队的经理和主管，他们能够推动产品的采用。

现在，你可以根据图12.1所示的理想流程来进行该操作。

图12.1　识别并维护关键利益相关者

第二步：确定发起人或“伙伴”

从你的公司中寻找对应这些关键角色的人物。确定哪些关键人物角色应该与哪些人匹配（例如，客户细分在中间组的首席客户官与你公司的客户成功副总裁匹配）。同样，将你公司的首席执行官或首席运营官与你最大的大型企业客户的发起人联系起来。对于中端市场和小型企业客户，你可以将团队中的经理或主管设为客户主要影响者的伙伴，以获得更大的规模效应。你需要配置CRM系统来处理所有这些元数据，并在可能的地方实现自动化。

第三步：建立一个有规律的主动触达节奏

利用自动化规则创建提醒并落实到具体行动，以提醒你分配的伙伴去和客户联系。可能的话使用电子邮件模板，邮件内容包括最近取得的进展或公司层面的更新。你甚至可以考虑为主管们代写，这样他们所要做的就是点击发送，或者通过代理为他们发送。当然，你可以鼓励他们在适当的地方增加一些个人色彩。这样做的目的是争取一个简短的电话或会议。但是注意不要做过头。随着公司和客户群的增长，你将不得不放慢速度并改变标准。最后，将这些触达记录保存下来以供将来参考，考虑跟踪那些成功激活的客户参与，并将其作为健康评分参考之一。关于保持一致和建立节奏的两个示例，请参见图12.2和图12.3。

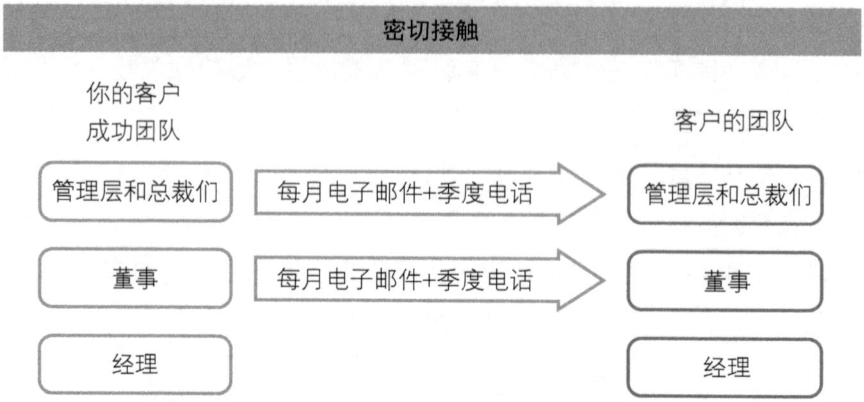

图12.2　对密切接触的大客户（企业）的对接和节奏

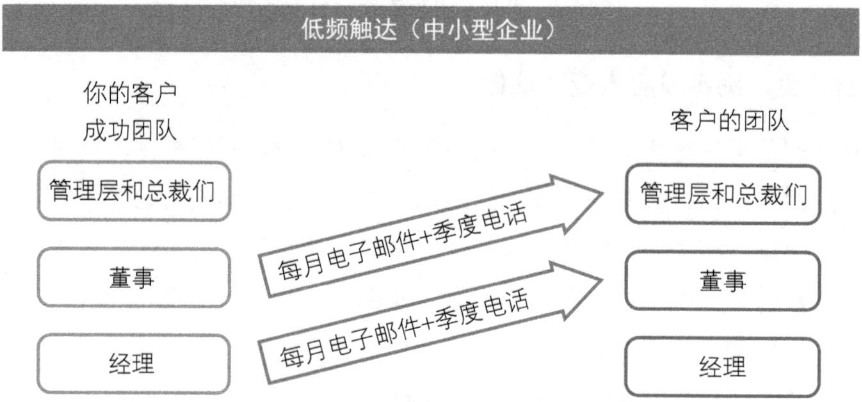

图12.3　对低频次接触（中小型企业）的对接和节奏

第四步：跟踪伙伴的外展服务

即使有争议，与管理层的接触也是朝着正确的方向迈出的一步。请确保你能跟踪所有成功或失败的利益相关者之间的沟通与对接，并将其作为健康评分衡量指标之一。这样，你将能够看到随着时间推移所产生的进展（图12.4）。

- 创建一个参与度评分，将其作为健康评分的一部分，用来衡量你与客户中的关键人物联系的频率。
- 每周跟踪参与度评分的改善情况。
- 用一对一对话的方法来识别阻碍分数提高的因素。

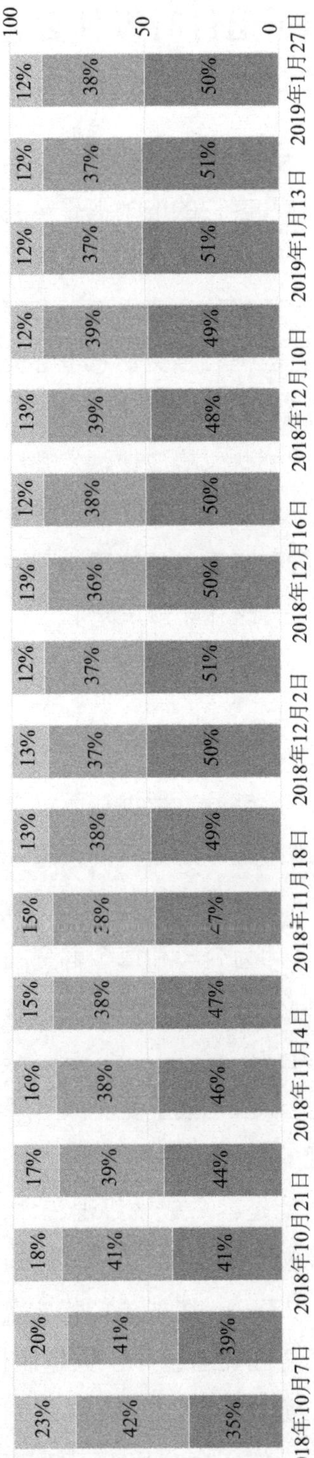

图12.4 随着时间推移的利益相关者参与度

风险管理：当客户趋向于退订时做什么，如何积极地升级风险并挽回客户

作为客户成功经理，你每天都会遇到管理客户的风险。学习如何应对、巧妙化解和升级以寻求帮助，对你和客户的成功都是至关重要的。最好你所在公司的企业文化能够让你没有后顾之忧地减轻风险并为客户亮起“红灯”，这一切都是为了防止客户流失。但即使有正确的企业文化，有时公司也缺乏识别风险客户的流程，或者即便有这个流程，数据和相关信息也都分散在不同的系统和团队之间。无从下手可能会导致意想不到的流失，这是客户成功经理的头号敌人。此外，客户成功团队可能无从获知哪些风险应该触发升级，因而自己永远处在匆匆忙忙四处灭火的状态，无法真正地专注于帮助客户获得他们想要的结果。

那么让我们转向建立一致的和可重复的流程步骤，利用你的领导能力和公司内的跨职能团队来识别、监控、升级和化解风险。

第一步：风险框架

你需要定义什么构成了风险。全公司都知道这个定义吗？有哪些类别和典型场景？什么会触发风险？你是否能够通过数据和系统自动通知你已达到设定的阈值？你是否有一个集中的地方来跟踪手动创建的风险？尽管看起来很初级，但请确保你的组织理解风险和升级之间的区别。如图12.5所示，风险是没有按计划进行的事情。这种情况经常发生，因为公司和每个客户的情况都在变化。客户成功经理能够解决这些风险中的大部分。然而，偶尔也会有一些风险需要你公司其他部门的关注和帮助，这些被称为升级。

指明有关风险和升级的常见误解也很重要。如下所示：

- 这不是衡量你工作表现的指标，不要紧张。总有一部分你所管理的客户会处于危险之中。这本就是客户成功经理工作的一部分，你不应该把它当作个人表现不佳的标志。事实上，一些客户成功经理非常善于管理风险和扭转客户的局面，以至于他们被专门指定负责这些账户。
- 这不是一个秘密。不要企图靠自己一个人征服世界。优秀的团队成员会尽早识别风险并经常沟通。
- 这不应当被认为是额外工作。全公司都不希望客户流失。即使只是和常

驻专家进行五分钟的咨询，你也会惊讶地发现他们是多么愿意提供帮助。反过来当你被要求参与协助其他客户的升级时，你也会这样做。不仅仅是客户成功经理，而是全公司在共同赢得、留住和失去客户，你们在一起。

- 这不是可选项。如果你没有主动识别和升级风险，你就没有做好自己的工作。

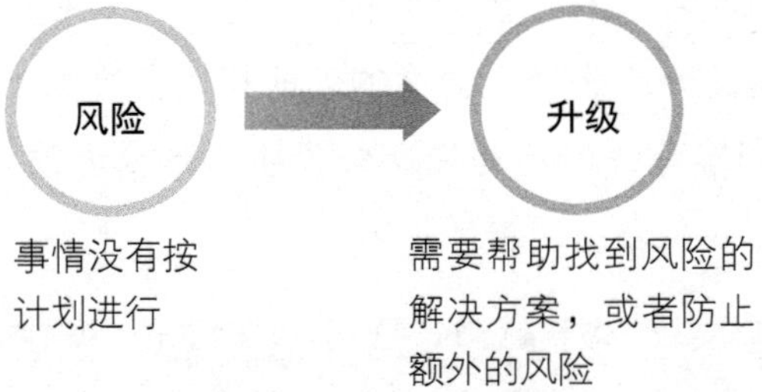

图12.5　风险与升级

当你设计风险框架时，要建立通用的类别。例子见表12.1。

表12.1　风险类别矩阵

风险类别	责任人	触发	例子
部署	客户成功经理	自动	授权使用率低于基准25%
参与	客户成功经理	自动	3个月间没有管理人员参与
采用	客户成功经理	自动	与3个月前相比活跃用户减少了25%
ROI /价值	客户成功经理	自动	客户没有看到任何投资回报
整体	客户成功经理	自动	出现批评和诋毁 / 消极的净推荐值
支持	支持团队	自动	挂起的支持风险的数量明显高于日均值
情绪	客户成功经理	自动或手动	客户利益相关者不开心、不参与、响应迟缓
外部	客户成功经理	手动	客户利益相关者离开；公司发生合并或收购活动，金融风险

步骤2：首次反应和升级路径

对于步骤1中定义的每个风险和场景，你将如何应对？你的第一反应是什么？谁为此负责？他们应该如何以及何时将其升级？哪些人和团队会参与协助和通知？你需要创建标准执行手册和相应的升级路径。当然，你定义的步骤对于每个场景都是不同的，且对于每个公司都是独特的。但是，你需要考虑一些如下的通用升级路径和简单的规则：

- 升级路径要定义风险应该如何升级、何时升级，以及向谁升级，以确保引入了正确的人员。
- 在升级中，你需要采取行动，而不仅仅是通知相关方。
- 明确哪种类型的升级路径适合你的公司和相应情况（图12.6）。在大多数情况下，我们推荐线性但允许例外发生的混合方法，特别是在高度敏感的环境或需要快速做出决策的情况下。

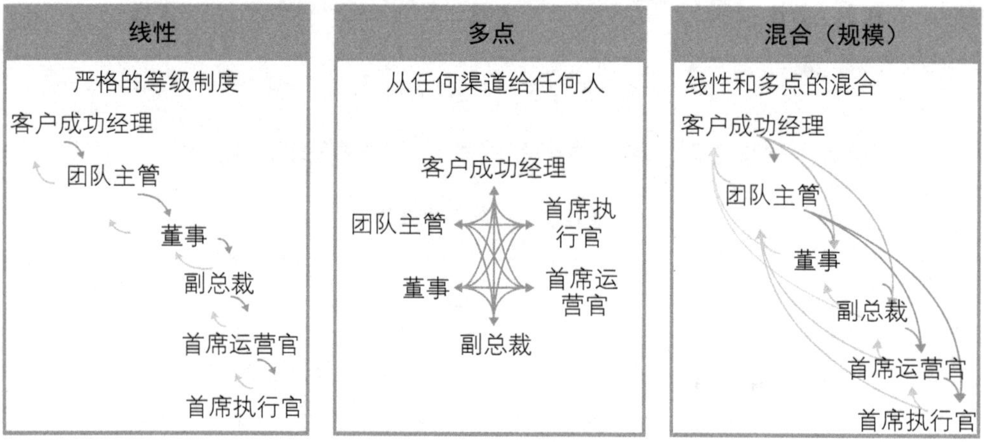

图12.6　三种升级路径

另一个关键步骤是确定何时升级。这里有一些值得升级的常见例子：

- 客户感到很沮丧：“为什么要花这么长时间？”和“这很紧急。”它可以是一封邮件或电话中传递的消极语气。
- 客户对他们遇到的问题请求升级。
- 客户超过五个工作日没有响应，除非有已知的原因（如在休假、季度末）。
- 续费还在进行中，但到期时间已经迫在眉睫。
- 来自同事的内部升级，比如支持、服务或销售团队。
- 没有明确的前进方向或解决方案。

- 如果你曾经怀疑或者觉得自己没有完全准备好去管理风险，现在就将其升级！

步骤3：持续的流程和人员参与

你需要创建清晰易懂的流程和规则，让每个人都能遵循，包括各种各样的示例，并附上一份常见问题解答。不要让它长时间无人维护；定期回顾你的风险管理过程，使其与团队和公司的发展保持一致。为了有效地管理风险升级过程，需要整个组织的积极参与和承诺，包括大量的客户成功经理参与，在每周一次的一对一或团队会议上用专门的时间来讨论风险升级（图12.7）。

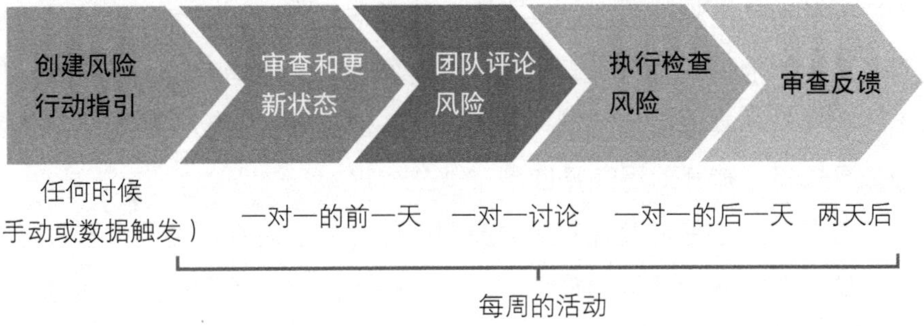

图12.7 风险升级过程

深入了解客户离开的原因，减少客户流失

理解客户流失的最好方法之一，就是不要从留存或缺乏什么的角度来考虑问题。相反，把流失视为一个学习机会，以更深入地了解如何预防它再次发生。问问自己"我该如何利用这个负面事件，去提高现有和未来的客户的积极参与度"？

当客户决定离开时，你和公司的责任是找出原因。许多环节导致了客户的流失，大量有价值的数据值得收集。然而，你不能期望客户坦率地提供他们的体验。当发生客户流失时，客户通常会有各种各样的情绪：恼怒、背叛、解脱、尴尬、失败、挫折和愤怒，等等。这其中的挑战在于，大多数人都没有受过良好的培训，既不能很好地驾驭这些与客户之间让人不舒服的对话，又不能从中找出客户流失的根本原因。

每一位流失的客户都应该被联系和询问原因。虽然你公司里的一些同事可能想直接联系客户并找出原因，但最好的做法是利用外部机构或发出一份精良的匿名调查，就实际发生的事情征求公正的反馈，因为让客户说出真正的流失原因是一种艺术。

如果你已经用尽了所有的方法试图留住他们，那么就需要迅速地了解他们离开的原因。如果你无法雇用第三方公司，你必须学会小心行事，以带有同理心的态度接近客户，永远不要显得很有防备。记住，每一位流失的客户都有潜力在未来成为新的客户。因此，如何处理这次离开对公司的声誉和未来的机会至关重要。

很少会出现“突然的流失”：一个客户在你完全没有预料到的情况下离开了你。你需要努力找出根本原因。是否在初期就存在风险，即客户没有及时通过新用户引导培训？他们的高管发起人离职了而你却不知道吗？用户没有采用你的解决方案，也没有使其成为他们常规工作流的一部分吗？产品没有满足他们的需要吗？他们是选择了竞争对手还是回到了人工流程？

即使客户透露了他们离开的具体原因，你也应该对其他促成因素进行内部检查，来帮助你总结客户流失的根本原因。有些人把这个练习称为事后分析。这更像是从客户和客户旅程的角度，来逆向分析流失。你需要仔细地解构客户对产品和流程的体验，仔细地检查和分析，以发现系统性的因素和错误。我们的目标是什么？是要确保相同的情况不会在当前或未来的客户中再次发生。

在Gainsight，我们很幸运地与一家专门从事客户洞察和流失访谈的公司合作，我们经常用这种方式来采访我们的客户（是的，即使是拥有惊人产品的优秀公司偶尔也会发生客户流失）。他们会将采访结果汇编成一份相当长的报告，并直接发给我们的首席执行官。不久之后，首席执行官会向公司全员发送这份报告，要求他们必须阅读，并且阅读时不要带着指责或责备的情绪。哇！让我们来谈谈从失败中学习的这个透明且开放的机会。这些报告非常有见地。有时它们读起来令人很不舒服，特别是当它包含你负责的或与之密切相关的账户时。它们描绘了客户情绪激动的时刻，特别是沮丧或失望的时刻，因为正是这些客户想要成功地使用你的产品，这就是为什么他们选择你而不是竞争对手。

这些报告最吸引人的地方在于，采访者能够从客户那里获得令人惊叹的细节和未经过滤的评论。考虑到这一点，我们绝对有必要为你介绍艾伦 ·阿姆斯特朗（Alan Armstrong）——Eigenworks的首席执行官，他提升了我们对流失分析访谈的艺术欣赏水平。艾伦组建了一个团队，他们致力于从公司中挖掘真实的故事。

我们真的很幸运，让他为你提供有用和可行的建议，帮助你为客户考虑，并将流失转化为经验。

很不幸的是，这将是艾伦与世界分享他惊人的天才见解的最后机会之一。就在我们将手稿交给出版商的前几天，艾伦突然去世了。他是我们邀请的第一个客座撰稿人。他很高兴能有这个机会，所以尽他所能提供了最好的内容。我们很荣幸能在这里把他的话永远记录下来。

你的客户在欺骗你：弄清楚客户流失的真实原因

艾伦·阿姆斯特朗，Eigenworks首席执行官

你们共同的信念会成为障碍

尽管流失的根本原因听起来并不惊天动地，但由于人们对问题的假定存在内在的偏见，因此很难对其进行精确诊断。根本原因通常会影响到整个公司。团队的动力和强烈的执行压力会使达成必要的一致性来解决根本原因变得更加困难。但有一种方法可以突破内部“噪声”，转向外部。你必须与客户开展开放的、不受约束的对话，并且与足够多的客户进行对话，以确定这个模式可以被广泛应用。你必须越过客户调查和产品用量相关的数据，并准备好把自己对客户流失的先入观念放在一边。

使用结构化对话框揭示故事：买方即英雄™

要了解客户流失背后的故事，你需要深入客户的世界，通过电话或面对面的对话来做到这一点。这听起来很简单，但却很有挑战性。即使你和他们通过电话联系，也很难舍弃你的先入为主。最后，当你努力消除偏见时，其他部门的同事可能会因为你察觉到的偏见而对你的见解打折扣。

考虑到这些挑战，我们开发并改进了一个有效的对话模型，它可以帮助消除偏见，解除客户的疑虑。在此分享给你，供你考虑是否应用到你自己的客户。

我们将其称为买方即英雄™的模型，将客户置于故事的主导角色。在你客户的组织中，购买者是推动变革的主要人物。该模型把你和产品带出故事的中心。相反，它关注的是你的客户。它帮助你问这样的问题："当你最初选择这个产品时，引入变革的动机是什么？""你想要达到什么样的成果？""你是怎么从那里来到这里的？"，以及"我们能从这段旅程中学到什么？"

第一步：改变对话，进入研究模式

客户成功经理很难说服客户参与流失面谈。当退订的时候，大多数客户已经离开了，并且很多人觉得他们已经尝试过给你反馈了。

坦率地说，你需要重置与客户的对话。但是，应该由客户成功经理以外的其他人来处理。创建一个专门的客户研究职务是大有帮助的，但这不必过于复杂，甚至不必是全职工作。它可以由能用一些时间来完成这项任务的客户成功内外部的个人或是团队来担任。当你接触客户时，要明确地告诉他们你正在进行研究，而不是试图重新吸引他们。不要把这些电话当成销售活动。

另一个需要重置的是你自己的思维模式。尽你所能消除自己的偏见。你的目标是让客户向你讲述他们的故事，并据此进行诊断。

第二步：获得主动报告的故事

南希的公司在这个行业一直处于领先地位，公司的收入和股价都以惊人的速度增长。但当南希打电话给我时，她很担心。她被要求调查为什么客户会转向竞争对手，直到最近才刚刚有人认为这是威胁。她在第一次调查中就发现了因客户流失而减少了大约1 500万美元的收入，其中包括一些大名鼎鼎的公司。

在所有的访谈中，我们都以所谓的"主动讲述故事"开始，客户在没有访谈人指导的情况下，自己讲述发生了什么以及为什么发生。我们想要未过滤的版本。在这个阶段，你就像是一个要挖掘真相的记者。

南希客户主动讲述的故事相当残酷。我们听到了各种故事，如服务质量差，产品停止开发迭代也没有提供替代方案，以及那些将客户推得越来越远的咄咄逼人的销售策略。要得到这些故事并不难。我们只需“拧开水龙头”，以正确的方式提问，并认真倾听。

但这并不总是那么容易。南希的团队一次又一次尝试自己来获得这些故事。但当客户已经转向他们的竞争对手时，他们没有兴趣也没有时间让南希的团队学习。这并不奇怪，当你试图从自己的客户那里了解客户流失的原因时，有一个内在的障碍：你会被认为是在试图让客户重新恢复对账户的使用。不管是不是真的，这就是客户的感知。即使客户同意交谈，他们也可能会提供一些不痛不痒的回答，如“哦，我们没有预算了”，而不是告诉你完整的情况，他们只是想避免再次被推销。

为了克服客户的这种强烈偏见，你需要把主导权交给客户，让他们讲故事。这就要求我们停止使用“为什么？”想想最近一位让你意想不到的流失客户，你公司里每个人问的第一个也是最具代表性的问题是：“为什么？”但问题是，这个词让客户不得不证明自己的决定是合理的。相反，你只是想让他们讲述自己的故事。你能试着不用“为什么”这个词就做到吗？

第三步：建立信任

当客户开始分享他们的故事时，进一步推动他们。当他们抱怨时，我们说“是的”或“我理解”来肯定他们所说的。我经常说，我们的工作就是说服客户说出他们的意见，比如“是的，我听到了。这很有道理，请告诉我更多……”

在这个阶段，继续做一名调查记者是至关重要的，在不添油加醋的情况下倾听，继续挖掘。“还有更多的吗？”“为什么这很重要？”等等。你可以更具体地问，“我看到你的健康分数在这个时间段是绿色的。我们错过了什么？”

当你认为自己已经掌握了整个故事，就把它原封不动地呈现出来。试着总结你从客户那里听到的东西，而不是简单地重复他们的话，以“看起来似乎是……”这样的短语开始。

如果你很好地倾听并鼓励客户反馈，他们可能会进一步透露更多相关的细节。当你听到“实话对你说”这样的短语时，你就知道你得到了真正的“独家新闻”！

第四步：用“你觉得……怎么样？”的问题来验证你的实践和信念

大多数客户成功团队尽其所能，在到期前或（更糟的情况下）在客户流失发生之前进行干预。因此，当客户谈论他们的失望经历时，要做到耐心地倾听是很困难的。

然而，如果已经流失的客户仍然在配合，这意味着你已经在电话中建立了足够的信任，可以探讨更直接的问题。列出所有理应帮助客户取得成功的事情，并准备好询问他们。我们称这些问题为“你觉得……怎么样”，因为很多问题可以以这个开头。

“你觉得我们的新用户引导流程怎么样？”“你觉得季度业务汇报怎么样？”或者从产品的角度来问，“你觉得这个功能怎么样，它被介绍给你了吗？”

“怎么样”的问题为你本可以解决或定位到的问题提供了线索。虽然你不能百分百确定客户是否会继续留在这里，但你现在可以将自己的洞见应用到现有的客户身上，以确保他们不会有类似的经历。

第五步：测试决策强度：“如果……会怎么样？”

现在你脑海里清晰地有了这个故事，就可以开始验证你假想中的干预措施了。“如果产品提供了×会怎么样？”或者“如果我们注意到你一周没登录的时候就联系你，会怎么样？”你现在可以研究这些干预措施是否能有效地留住客户。不过这时要小心，因为假设性的问题是很棘手的，原因有以下几个：首先，它们可能不可靠，因为客户实际上并不知道在实际经历时他们会怎么做。由于这种潜在问题的存在，你需要仔细地考察客户声称会让他们留下来的任何事情。你可能会听见“如果我遇到问题时你伸出了援手，我就会留下来”。不过如果你从其他客户那里也听到同样的信息，那么你会知道这个观点并无偏颇。

第六步：获取更多故事！要通过多少故事，我们才会相信这个模式？

对单个的客户故事做出反应是很诱人的，但也是不负责任的。当然，如果客户遇到了麻烦并且你可以提供帮助，那么就升级这个问题。但你需要和多个客户进行多次交谈，然后你才能自信地、系统地了解到真正发生了什么。

那么需要多少次谈话呢？根据我们的经验，20是一个神奇的数字。如果你和8个人交谈，你可能会得到5~6个不同的想法，很难分辨其中2~3个相匹配的想法是一种有迹可循的模式还是仅仅是一种巧合。

我们的目标是达到定性的研究人员所说的“饱和”。饱和意味着接下来的故事听起来很像之前的故事。它什么时候会发生？关于这个意见不一，从6~50次谈话不等，但在我们的评估中，大概需要20次。

再来谈谈客户细分

不能仅仅因为你进行了20次谈话，就意味着它们适用于你的整个市场。你可能有几个客户群，如果是这样的话，你需要分别对待每个不同的分组。可能不需要在每组间进行20个完整的谈话，但是，如果试图用同样的研究来对待金融服务和医疗保健行业很可能会产生误导。

你应该自己做还是雇人做？

每当客户问我，他们应该自己做多少获客/输单或客户流失研究时，我回答：“尽可能多。”我认为，在公司内部建立和保持良好的流失研究模型非常重要。

然而，自己动手做在方法上有严重的局限性。即使你的团队有时间和经验来引导和分析足够数量的客户对话，也很难摆脱你作为产品的建设者、销售者和支撑者的先入为主。你需要考虑一下这个问题。对于产品方来说，要说服那些被折腾得精疲力尽的客户坦诚相对，甚至是给他们打个电话都很困难。客户觉得他们已经向你传递了足够多的信号，而在他们取消订单后再去追问他们，你会被认为很糟糕，或者是考虑得太少、太晚。

另一个你面临的偏见是内在的。无论谁承担研究工作，其他团队往往会低估他的研究结果，因为研究人员往往被视为有预设的立场。外部公司可以帮助消除这种偏见。

第七步：也要做与成功有关的访谈，而不仅是讨论流失

你需要像研究客户流失的根源一样，认真研究成功的客户和客户参与情况。不要认为你知道他们成功的原因。特别要关注三件事：变革的愿

景、客户档案，以及是什么帮助他们克服了产品中那些让其他人苦苦挣扎的地方。

通过成功访谈，你可以了解到你最好的客户是如何使用你的产品的，以及他们为什么重视你的产品。这些客户有什么共同之处？你能找到更多类似的吗？知道这些问题的答案会帮助你更好地理解流失。你甚至会发现，有一些客户在客户之前就做出了错误的选择，因为他们根本就不适合，即使他们想，也无法用你的产品达到他们的目标。

即使是合格的、有经验的客户也需要克服障碍，从而通过产品取得成功。是什么让他们成功的？如果把他们与流失客户相比，你会发现什么？

艾伦所带来的宝贵信息是大家通常易于忽视的。访问你的流失客户是一种不可思议地能将消极转化为积极的方式——从失去客户转换到获得经验。我们感谢艾伦给我们上了一课，告诉我们这些离开的客户其实也提供了珍贵的素材。它从人与人的对话开始，建立信任，倾听客户的故事。再一次强调，倾听的天赋，将是你作为客户成功经理所能拥有的最伟大的技能之一。它必须被认同、鼓励和正确的使用，以使你、你的公司，最重要的是，客户能够受益。

扩展管理：了解客户群中的空白区域，以向上销售和交叉销售产品和服务

当成熟的客户发现了产品的价值，他们就会从与你的关系中产生更多价值和信任。客户将会在这段合作关系中变得更为开放。他们想要购买更多的产品、新功能、新账号，从而贡献更多的经常性收入，这是一个自然而合理的过程。客户成功的责任就是保持客户能够完成这些事情。

让我们考虑一下我们的销售团队。销售代表的每一项活动都能增加达成交易的可能性，从而推动销售。现在，我们将其与客户成功进行比较。在组织架构图上，客户成功通常与销售分开。然而，客户成功的目标是，而且永远是，让更多的销售活动发生。虽然不像销售那样明显，但这些交易以续费、向上销售和交叉销售的形式出现，这些形式来自客户成功经理所培养的快乐的、高参与度的和忠诚的客户。

正如我们之前所说的，客户成功经理承担着直接的商业责任。因此，对你来说理解与客户扩展有关的基础概念，很重要。有两种扩展类型：向上销售和交叉销售。

- “向上销售”通常被理解为向现有客户或业务单位销售更多相同产品。
- “交叉销售”通常需要一个新的销售周期，因为它可能是针对现有组织中的新业务单位，也可能是针对现有客户或业务单位的全新产品。
- “空白区域”代表了所有的扩展机会。

扩展销售策略是实施一个过程，用于确定向上销售和交叉销售的潜力并采取行动。这不可避免地需要使用技术和数据，并需要与销售团队协作，以确保责任人和参与规则都各就各位。客户成功经理比以往任何时候都更看重扩展指标，通常包括挖掘并根据扩展机会采取行动。如果他们没有因此获得直接的经济上的奖励，他们也肯定会期待某种程度的归属划分、荣誉，或对贡献的认可。

以下是客户成功经理在确定扩展机会时必须了解的一些最重要的事情（表12.2）。

表12.2　扩展类型示例

	向上销售	交叉销售
所有的企业	账号、设备或地点	功能 附加或增值服务
SaaS	服务或培训的时间 有权使用的容量	附加产品
本地业务	产品版本/升级 服务升级	附加产品
消费业务	可使用的套餐/容量	

- 你的公司如何从你的客户那里赚钱?
- 他们购买什么类型的“组件”？
- 你对公司所提供的服务是否足够了解，至少你能确定可以把潜在的机会交给一个经验丰富的销售代表?
- 哪些来自客户的数据表明存在这些机会?
- 他们是否部署或使用了他们的大部分“组件”？

可移植性对于任何你建立的过程都同样重要。你需要创建用于管理扩展机会的仪表盘。你没看错，作为客户成功经理，你很可能需要管理扩展销售的机会（同时还需要与销售代表合作）。下面是一些应该包括在内的必要数据点，这意味着你需要确保在可报告的地方获取它们。

记录未完成扩展机会的表格：

- 客户名称
- 扩展价值
- 预计成单日期（降序排列）
- 最近更新的备注
- 跳转到最近时间线的链接

显示未完成的即将成单的柱状图：

- 数值代表：扩展金额
- 柱状代表：预期成单月份
- 叠加：预测类别

显示前一周变化的预测类别的表格：

- 客户名称
- 扩展价值
- 预计成单日期（降序排列）
- 之前的预测类别
- 当前预测类别

预测每个机会时，需要遵循最佳实践。如果你的组织还没有定义概率，表12.3所示的模型可能是一个很好的起点：

表12.3　概率预测

标准	默认获胜概率
• 发邮件给决策者	• 0
• 与决策者讨论	• 20%
• 发送合同	• 50%
• 获得口头承诺	• 80%
• 已签订合同（已成交）	• 100%
• 输单（关闭）	• 0

空白区域或扩展机会仪表盘应该被整合到工作的常规流程和与主管进行的内部会议中。表12.4列出了三个最重要的客户成功经理扩展管理仪表盘，专门用于跟踪和推动你管理的客户池的额外收入。

表12.4　客户成功经理扩展管理仪表盘

仪表盘	目的	总结
周会看板	我们对向上销售和交叉销售的跟踪情况如何？是否有任何高管/经理介入的机会？	• 逐阶段记录向上销售/交叉销售机会
客户成功经理每周一对一仪表盘	哪些账户有扩展潜力？这些账户提供了多少潜在收入？基于这两个因素，应该优先考虑哪些账户？	• 空白区域报告 • 按阶段分布的向上销售类别中记录的金额 • 按阶段分布的向上销售机会 • 按阶段分布的交叉销售类别中记录的金额 • 按阶段分布的交叉销售机会 • 客户成功经理需要采取的行动
投资回报仪表盘	被识别出来的扩展机会对收入和总收入留存率有什么样的影响？	• 通过交叉和向上追加销售机会已获得的收入

宣传管理：如何把你最好的客户变成代言人

我们知道，快乐的客户在达到他们想要的成果时，是真正愿意把你的公司、产品或服务介绍给朋友、家人或同事的。客户宣传从客户生命周期的第一天开始，目的是让客户参与内容贡献。此外，宣传计划的优势可以被应用到整个企业，特别是在销售和市场营销团队。客户宣传项目的好处在《哈佛商业评论》的一项研究中得到了证明。该研究显示，84%的B2B买家都是通过他人推荐开始的采购过程，而同行们的推荐正影响着90%以上的B2B购买决策。[1]

因此，客户成功经理处于独特的位置，你可以把客户变成你公司的支持者。作为组织，你应该在一个成功的客户代言项目中贯彻以下所有要素，也可以从其中任一要素开始，然后继续发展。

1．**交付价值：只管去做！**

2．**展示价值：展示你做到了！**

3．**建立宣传里程碑。**好吧，我们来解释一下：因为发生在客户身上的任何不好的事情，你都会受到牵连，所以你最好把所有好的事情也都归功于自己。表12.5中列出的每一个事件或里程碑，如果它们直接来自客户成功经理，都应该被视为客户成功带来的宣传（CSQA）或客户成功带来的线索（CSQL）。与市场营销的线索（MQL）或销售线索（SQL）类似，客户成功线索具有相当高的价值，因为它来自现有客户，通常代表着有较高的可能性能够完成销售。在Gainsight，我们的客户成功团队有四分之一的目标建立在贡献客户成功宣传活动和客户成功线索上，因为我们知道所有这些列出的活动都是客户池增长和整体健康的主要指标。

表12.5　合格的客户成功宣传示例

客户成功带来的线索	客户成功带来的宣传活动
• 续费 • 向上销售 • 交叉销售 • 推荐	• 案例研究 • 改良过的产品采用 • 提高的健康评分 • 完成培训 • 推荐和第三方评论 • NPS支持者 • 在活动中演讲

4．**识别可能的拥护者：**利用健康评分和技术手段，根据使用量、情绪和净推荐值、已实现的价值、参与度、宣传意愿、成功计划进展，以及是否在积极参与市场营销、社区活动或在线论坛，来快速而轻松地识别客户。

5．**管理销售推荐：**找到一种方法来简单宣告哪些是你的最佳客户，哪些客户能够作为推荐对象。一定不要过度使用他们的信息，永远记得要先获得客户的许可。

6．**宣传和奖励你的代言人：**我们请Updater的客户成功副总裁、客户宣传思想先驱者：查德·豪伦费德特（Chad Horenfeldt）提供了一些关于这个话题的补充。

宣传是对最忠诚和最支持你的客户的奖励，因为这为他们提供了参加活动并发表演讲的机会，让他们的名字突出显示在行业出版物或你的网站上，并因此接触到你的公司和行业中有影响力的人。赠给他们一些你的战利品也会大有帮助。邀请他们参与宣传表明你关心和欣赏他们，这是一种秘密武器，可以帮助你留住和发展最具战略意义的客户。通过建立这种互惠关系，你可以自信地依靠你的支持者，他们会在需要的时候帮助你——无论是向他们的同事提及你的公司，还是为敲定你的下一笔交易提供关键的参考。

7．**上报贡献**：创建一个仪表盘，说明你作为客户成功经理的所有出色工作的贡献。这通过在销售机会记录中添加两个字段来记录客户成功经理姓名和宣传活动的类型，就可以很容易地实现。现在，你的客户成功主管就有了一份可以提交给董事会的很棒的报告。

***

我们已经讲述了客户成功经理职能的历史和所需要的基本能力，还概括了客户成功经理每天将遇到的各种活动。现在是时候让客户成功团队的领导者来提供一些关于管理多样化的客户成功经理团队的独特见解和最佳实践了。

尾注

1．Minsky, L. and Quesenberry, K. (2016). How B2B sales can benefit from social selling. *Harvard Business Review* (8 November 2016).

第四部分

让最优秀的客户成功经理留下来并不断成长

13

管理客户成功团队

到目前为止，我们的叙述中已经覆盖了客户成功经理需要实践和内化的核心技能与过程，是时候把注意力转向客户成功团队领导者了。他们也有同样重要的责任，确保雇用、发展、领导和留住组织中最优秀的人才。为此，向你介绍三个主要概念。第一个概念是如何根据客户细分策略来管理客户成功经理的工作负载和覆盖率。第二个概念是如何设计激励结构来驱动正确的行为。最后一个概念是如何使用报表和仪表盘来驱动动作的严密性。

客户细分并将客户成功经理定位到正确的客户

在本书的前面，我们简要地介绍了客户细分，但要想进行有效的客户细分还需要更多知识和深度。你的目标是根据业务的细分策略提供一个较为平衡的客户成功经理与客户的比例（或简称为客户成功经理比例）。你所在的公司可能拥有各种不同规模、收入、扩展机会和需求的客户，为了能够管理如此多样化的客户群体，你必须根据相同的特征将他们细分为子分组。在第7章的图7.4中，我们阐述了客户细分最常见的依据是年度经常性收入（ARR）。如果你的业务并非经常性收入的业务模式，另一种方法是使用你从客户那里获得的“预期收入”。最常用的细分依据就是与收入相关的度量标准，因为与客户相关的收入往往也象征着客户成功经理的工作负载，特别是因为它与会议、触点和风险升级都相关。

为客户成功经理进行分组对于任何规模的公司都是一个重要的战略，尤其是在公司开始成长的时候更是如此。最糟糕的情况就是制定出了一个既压制客户成功经理能力又阻碍业务成长的细分模型。我们决定询问一下对这个问题有深入理解的两个人，第一位是帕特里克·艾兴（Patrick Eichen），他在Cornerstone OnDemand担任客户成功副总裁，在开发高效运营、发展驱动和绩效管理模型方面有着丰富的经验。

帕特里克说：“客户细分是衡量客户成功最重要的方面之一。在这个领域投入时间和资源将帮助你更好地了解客户，以及你的产品如何为他们提供价值。最重要的是，这有助于明确他们需要你做什么才能成功。当你开始改进这种方法时，你可能会意识到，这与让客户成功经理成功地支持每个客户细分组所需要的技能看起来是不同的。将正确类型的客户成功经理分配给正确的客户，成为整个框架中的关键组成部分。”

帕特里克补充道，公司花了很多时间在每个细分市场识别客户角色，这进而影响了他们的细分方法。除了关注收入、员工数量和行业等典型的方面，Cornerstone还考虑了一些其他因素，如客户的人才流程有多成熟以及客户应用产品的场景有多复杂。帕特里克说："我们已经在成千上万的客户处实现了，现在我们已经很清楚客户通常需要什么样的支持，并且已经把它融入我们如何规模化开展客户成功的过程中。"

在这个问题上，我们询问的第二个人是大卫·科赫（David Kocher）。大卫是GE Digital的客户成功副总裁。GE Digital是世界领先的工业互联网软件公司。他们通过将软件、应用程序和分析与工业企业相结合，重塑了行业的基础设施。大卫和他的团队已经不再仅限于使用收入和ARR模型，而是考虑基于"需求"的分组。他们回答了几个决定客户细分战略的问题：

A．我应该与哪些客户打交道?

B．我应该在什么时候和他们接触?

C．在我与他们接触的过程中，我应该关注什么?

大卫告诉我们，"虽然很难，但如果你想要让项目成功，回答这些问题是至关重要的"。接下来的部分重点介绍了GE Digital为满足这一需求所采用的方法。他们称这种简单的细分方法为"先考虑优先级再执行"（图13.1）。

大卫解释说，这种方法的前半部分，即优先级部分，回答了问题A"哪些客户"和问题B"何时与客户接触"。为了区分优先级，他们使用了两个坐标轴：价值和健康。这两个维度是优先排序的核心，因为它们能告诉你谁是有价值的，以及他们有多开心。将客户归类到这些分组中并不复杂，但从中收集到的信息更有意义，你可以依此打造客户成功组织或你的客户群体，以最大限度地产生影响。根据大卫的说法，使用这种技术来构建客户成功组织，必须确定适当的客户成功经理比例，以实现与立即响应、快速响应、按计划响应这样不同组别的最佳互动。

- **立即响应**——要求具有特定（产品、行业）技能的客户成功经理做出快速反应。考虑到客户规模、潜在复杂性、较高的年度经常性收入，该组的客户成功经理比例较低。
- **快速响应**——要求具有通用技能的客户成功经理快速响应，这一组的客户复杂性较低，年度经常性收入也较低，因此客户成功经理比率较高。

- **按计划响应**——需要客户成功经理根据设计好的流程进行响应，使得所需的活动与客户旅程以及既定的复杂程度保持一致。这个组的客户成功经理比率根据客户生命周期不同阶段和规模大小而变化。

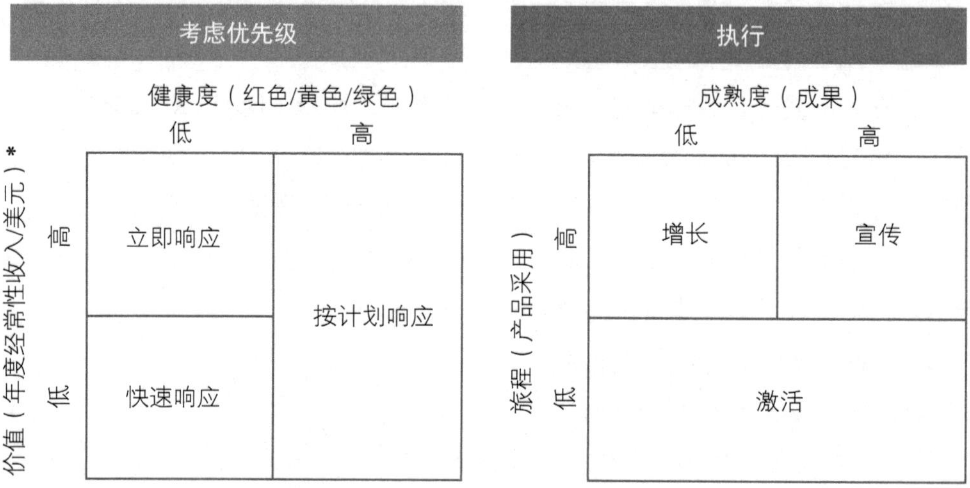

价值（年度经常性收入/美元）——每年这个客户对公司贡献的价值是多少？（*也应增加定性的输入）健康度（红色/黄色/绿色）——有多少风险（流失、差评…）是基于该客户目前遇到的问题或担忧？

旅程（产品采用）——客户对他们购买的软件的使用程度怎样（账号/订阅和功能）？
成熟度（成果）——客户从使用产品中获得了多少收益？

图13.1　GE Digital的细分框架

大卫说：“通过确定每个分组中有多少客户，你可以计算出需要拥有多少位、具备哪些技能的客户成功经理来拯救那些健康状况不佳的客户，同时维护那些健康状况较高的客户沿着采用着成熟度曲线上升。这种细分很简单，并不会对你所有的客户生效。为了确定覆盖模式，你还需要对特殊客户进行额外定性评估。”

作为客户成功经理在管理一组客户时，你会发现客户会在分组之间移动——最好是从差到好。因此，如果客户健康状况不佳，就需要进行优先处理。你需要迅速地解决客户的问题，这样就可以尽快着手开展价值更高的交互。这一动作需要进行双边的平衡，既要管理少数关键的升级风险，同时仍要加速那些拥有健康指标的客户对产品的采用。

这个方法的后半部分回答了问题C："关注什么？"如上所述，如果客户的健康状况不佳，那么最关键的环节就是风险补救。补救工作应该考虑问题的性质（产品、支持、交付或业务），以制订具体的应对计划。该计划必须得到内部团队和客户的同意，你还应该定期跟踪补救计划，直至它被完成。

对于那些未处在风险状态的客户，GE使用了"执行"这个分组来确定要运行哪些特定的流程。他们使用两个坐标轴——旅程阶段和成熟度——根据客户的软件用量以及他们从中获得的价值来对客户进行分组。

- 激活——通过新用户引导、产品采用、跟踪表现和其他类似的活动来支持客户旅程。
- 增长——通过向上销售和交叉销售来保持和增长客户价值。
- 宣传——在内部和外部宣传参与其中的好处。

最后，帕特里克建议，如果你正在为组织考虑客户成功细分策略，首先要问自己以下几个问题：

- 我们让产品与市场契合的战略是什么？我们期望我们的客户群从哪里增长？
- 我们客户的共同特征是什么？规模、行业、产品应用场景？
- 每个客户分组中最常见的支持需求是什么？我们现在是否在用正确的方式处理这些问题？
- 我们如何衡量成功？这些措施是否符合我们客户的成功愿景？
- 如果要在每个客户领域取得成功，客户成功经理需要哪些技能？

确定最佳的客户成功经理对客户的比率和客户成功经理背景

我们现在知道，大多数公司把他们的客户群分为三个部分，并以营收作为客户分组的基础，通常分为高收入、中收入和低收入的客户。接下来我们需要了解的是公司资源，也就是客户成功经理，是如何分配的。在这些分组中，他们是否以最具经济效益的方式取得了最大的成功？一个客户成功经理能够有效地管理多少客户？

大型企业客户成功经理对客户的比率和客户成功经理背景

根据我们之前的研究，基于客户细分，出现了一些模式。在贡献最高收入的大型企业客户领域，客户成功经理管理的大型企业的年度经常性收入中位数为200万~500万美元。这意味着负责该组别的客户成功经理所管理的客户群的年度经常性收入规模为200万~500万美元，客户数量的中位数为11~50（图13.2）。

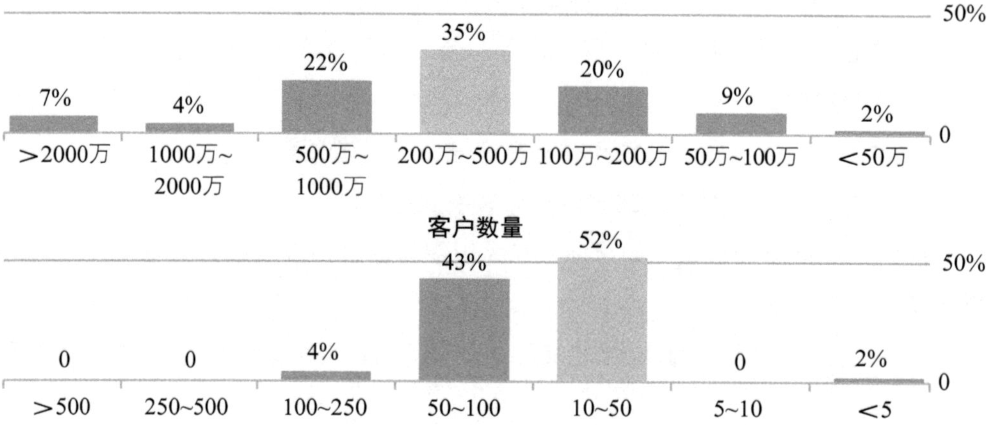

图13.2 大型企业客户成功经理所管理的客户群年度经常性收入和客户数量比率

在大型企业组，你通常需要在客户类型的复杂性方面有管理经验的客户成功经理。这些技能通常包括管理同一组织中广泛的利益相关者，如来自不同业务单元、具有不同职能等。客户成功经理还需要高管的支持，必须与客户一起推动重大的管理变革。正如我们在第4章中所述，在某些情况下你可能会发现，在大多数客户所属的特定垂直行业或类别中引入专家是很有价值的。这些有经验的人包括管理顾问、企业销售、客户管理专家、企业项目经理、企业解决方案顾问或工程师。

在Cornerstone，帕特里克对他们雇用的大型企业客户成功经理的类型有非常深入的思考。他说："在我们的大型企业客户中，客户投入了大量资金来进行软件的落地。他们的应用场景复杂性很高，并且在大多数情况下，我们的产品是他们整体人才管理过程的关键组成部分。他们希望从具有高度专业知识的人那里获得日常支持，而我们将这一点融入如何确保他们和正确的客户成功经理一起工作中。我们让他们与那些有着丰富经验的人合作，并且能够恰当地将技术背景、深厚的行业专业知识和客户管理技能结合在一起，从而能够引导他们获得满意的业务成果。这些人通常在对应行业中担任过高级职位，并且在某些情况下曾经使用过我们的产品。我们尽一切努力创造一种环境，让我们的客户感到他们的客户成功经理和他们在同一片战场上摸爬滚打过，是他们团队的真正延伸。”

中端客户成功经理对客户的比率和客户成功经理背景

在中端市场，行业趋势显示，客户成功经理管理的客户年度经常性收入与大型企业客户成功经理大致相同，但这些收入来源于更多的客户。

中端市场客户成功经理管理的年度经常性收入的中位数也在200万~500万美元，有58%服务于中端市场的客户成功经理管理的年度经常性收入超过200万美元（图13.3）。一个这样的客户成功经理管理着100~250个客户。正如你想象的那样，这个部门很难提供与大型企业客户组相同强度的人工工作。因此更重要的是在对外触达策略中实行“数字化优先”，并在“及时”的基础上依靠人工干预。

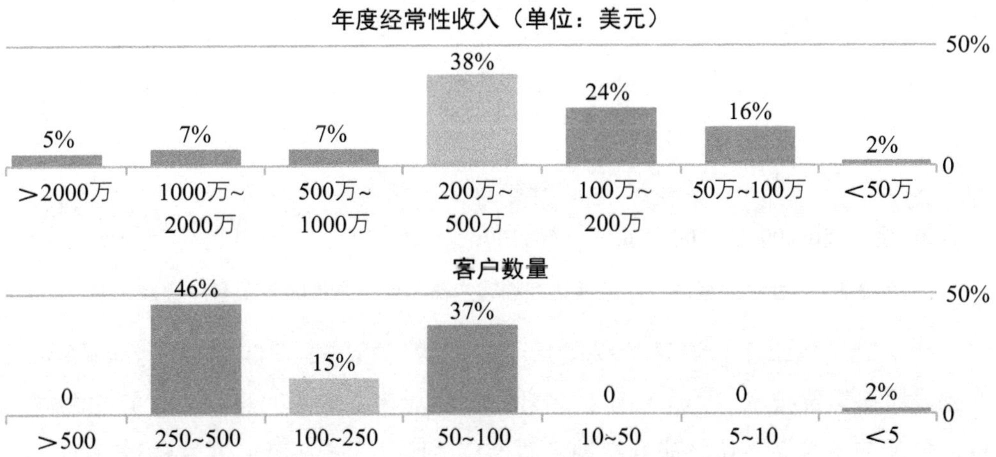

图13.3　中端市场客户成功经理管理的客户群年度经常性收入和客户数量比率

在中端市场，通常需要能够排布优先级、擅长任务管理和精通产品知识的客户成功经理。考虑到他们需要管理大量的客户，这部分的客户成功经理需要能够快速适应环境并成为非常高效的项目经理。精通产品知识和掌握产品所属的类别是巨大的优势。客户想知道如何将他们的需求融入你的产品，还想知道这个行业的其他客户在做什么，所以成为行业观察者对每个人都有好处。拥有相关经验和技能的人可能包括项目经理、支持代表（特别是当你的产品技术复杂时）和面向客户的产品经理。

小型企业客户成功经理对客户的比率和客户成功经理背景

在客户收入最少的小型企业领域，客户成功经理所管理的营收中位数为100万~200万美元，54%的小型企业客户成功经理管理的年度经常性收入不到200万美元。小型企业客户成功经理所覆盖的客户数量中位数为101~250人，然而，有37%的小型企业客户成功经理管理的客户数量超过250人（图13.4）。更重要的是，在这个细分市场中，你需要提高数字化触达的比重，并且只关注那些有续费风险、扩展或宣传机会的客户。在默认情况下，你的团队需要在这个部分高度投入。

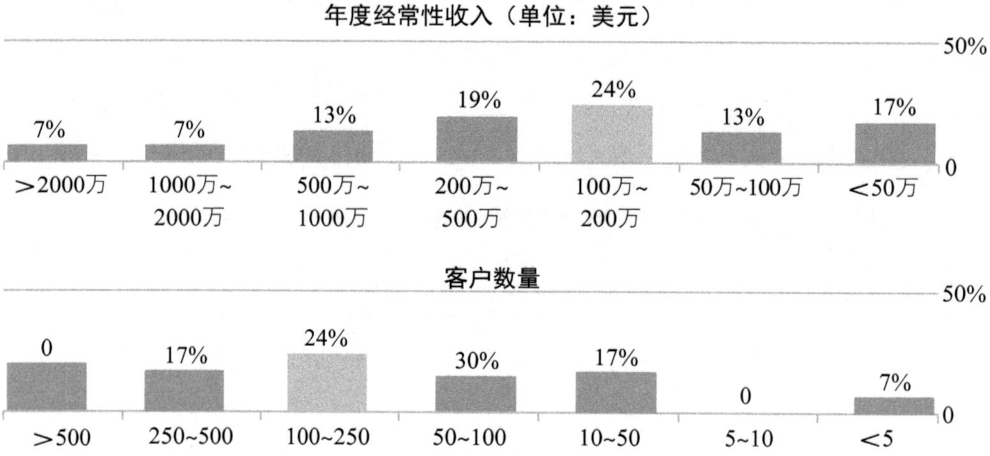

图13.4　小型企业客户成功经理管理的客户群年度经常性收入和客户数量比率

在小型企业组中，通常需要擅长于排布优先级的客户成功经理。如果你的产品或服务需要技术能力，由于大多数小型企业客户没有购买付费服务方面的预算。他们期待客户成功经理卷起袖子与他们的团队一起干活，在这种情况下，雇用具有优秀技术技能的人是具有优势的。拥有相关经验和技能的人包括解决方案架构师、销售工程师，或支持代表（特别是当产品技术复杂时）。如果你的产品很简单就能完成初始搭建，那么销售代表、业务发展经理或客户经理就可以胜任这个职位。

一些公司搭建了一个共享的或“共同服务的”客户成功团队。在这种类型的团队中，小型企业客户不会被分配给一个指定的客户成功经理。相反，由一群在任何时间点都可以提供服务的人来管理客户。帕特里克评论了这类客户成功团队。他说："当为中端市场和小型企业提供规模化的客户成功服务时，我们实施了共享支持模式，这意味着这些客户没有专享的资源。相反，他们与支持他们的客户成功团队合作。当我们做出这个改变时，对我们来说很重要的一点是，这些客户仍然觉得可以通过我们来帮助他们实现想要的结果，即使这意味着并不是由一个特定的对象来协助实现。此外，我们的许多小客户资源有限，往往无法投入相当多的时间来提高产品技能。为了确保客户的成功，我们提供了各种虚拟的方式，所有这些互动机会都是由客户成功经理主持的，这样客户就可以与专家进行互动，并得到他们需要的帮助。"

帕特里克进一步补充道："为了实现这一模式，我们在人才招聘过程中投入了很多。除了让不同的客户成功领导者检验潜在的候选人，我们还在面试中进行了场景分析，让候选人体验实际可能发生的情境。这给了我们一种很好的候选人筛查视角，可以让我们了解那些要想成功所需要具备的特定技能——比如产品知识、演示技巧和力排众议的能力。这还使得候选人可以更好地了解在我们组织中客户成功经理的日常工作，同时也为我们提供了更好的内部人才流动性，让最初入职于通用支持岗位的客户成功经理之后可以成长为专注于服务更大客户的角色。"

最后一个注意事项，这是与确定客户成功经理比率相关的忠告：尽量避免基于任意的营收目标倒推计算应该雇用多少人（例如，每挣 200万美元需要雇一位客户成功经理）。这样做并不能获得你想要的结果，而且可能会让你从一开始就失败。你应该从能够达到最大留存和增长的收入目标所需的最低投入情况来分析。换句话说，你要试着确定客户成功经理的哪些必要活动和行动对公司的绩效目标有最大的影响，以及由此所需的努力程度、不同分组的客户与你打交道的频率，来帮助你了解需要多少位客户成功经理来达成收入和增长目标。这同样也是任何销售主管在制订计划时都会经历的事情。

客户成功经理的薪酬激励

客户成功经理的薪酬结构没有放诸四海而皆准的解决方案，这完全取决于你在任意一个时间点当下希望驱动客户成功团队共同努力的方向。这还意味着要随着时间的推移迭代你所设计的结构，因为你已经完成了度量阶段的目标（图13.5）。

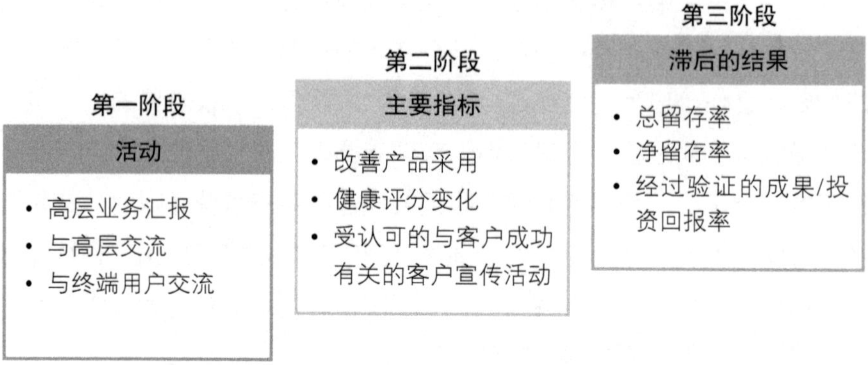

图13.5 客户成功经理的薪资度量标准

一个被广泛采用的原则，是设置一个固定的基础薪酬，同时在上面增加浮动部分。最常见的模式是70%~80%的固定薪酬，加上20%~30%的浮动部分。与销售组织类似，如果客户成功经理的主要职责是管理续费和增购，浮动薪酬可以基于佣金来发放。也有很多公司让客户经理来担任这部分职责。将客户成功经理的薪酬结构调整为以固定薪资为主，以区别于销售职能，同时可以随着时间的推移灵活地修改指标。

接下来，确定由什么指标驱动薪酬结构的浮动部分是很重要的。如果你的客户成功经理团队相对较新，并且团队的成熟度较低，那么主要目标应该是使他们的工作保持一致和可预测。在这个阶段，你可以将薪资的浮动部分与关键事件的完成联系起来，如开展高层业务汇报、完成产品新用户引导流程、达成续费里程碑，或与客户进行产品采用讨论会议等，这样有助于确保团队训练出适当的客户成功管理“肌肉”。这个阶段需要打好基础，必须在过程和度量标准变得更加复杂之前进行基本的团队演习。

随着组织的成熟，活动变得更加可预测和一致，你会发现许多活动可以获得相同的成果。此时客户成功团队已经进化出了能够识别不同模式，并根据情况选择不同执行方法的能力。然而仅仅监控这些活动是不够的。你必须开始衡量这些活动即主要的成果指标所带来的影响，如产品采用指标的改进、健康分值的提升，或者标杆客户或增购线索的数量增加。这将告诉你客户正在走向长期的成功，从而推动你的业务收入的留存和增长。在这一阶段，将浮动薪资与关键的主要成果指标的实现联系起来，有助于团队的注意力从“执行动作”演变为“这些动作对客户群的影响”。

最后，大多数人可能在盈利性公司工作，这意味着你需要客户成功经理来帮助客户获得成功，因为成功的客户会推动你的公司收入的增长和留存。随着团队的成熟，跟踪优化活动和主要指标，以推动其对公司的财务影响。财务结果是一种滞后指标，意味着所有能够产生影响的行动已经发生。在这一阶段，如果将浮动薪资与关键的滞后财务结果挂钩，如总留存率、净留存率、向上销售或交叉销售收入，有助于确保团队的关注点从主要指标演变为对公司的财务影响。你可能会根据滞后的财务结果测算和进行薪资设计，以显示客户成功团队的“价值”。你需要抵制诱惑！如果在跑通基本流程之前就构建复杂的流程和度量标准，会给团队和公司带来伤害。

如果你是第一次经历这个成熟度曲线，这里有一些指导性的时间线来帮助你思考过渡的里程碑：

- 从度量行动开始，并在这个阶段停留至少六个月；这是让团队习惯过程和度量标准所需要的最短时间。
- 在衡量主要指标阶段停留至少6个月，最好是12个月。你的团队会在识别活动模式以及主要成果方面做得更好。
- 如果你的主要业务挑战是避免流失，那么就计算和评估团队的总留存率或流失率。理想情况下，你可以将薪酬与客户成功经理所管理的客户群或覆盖的业务联系起来。如果它们还不够大或可预测的程度不够，就从将薪酬与公司整体留存或流失的目标挂钩开始。如果你的主要业务挑战是在现有客户群基础上进行扩展，那就针对客户成功经理所负责客户产生的向上销售/交叉销售而制定薪资激励。

管理客户成功团队的仪表盘

作为客户成功经理团队的领导者，你需要几种不同类型的仪表盘来有效地管理团队，表13.1提供了一些选项。

表13.1 用于管理客户成功团队的仪表盘

指示板	描述	目的
本季度到期客户	近两个季度的续费总收入	了解多少续费在近两个季度有风险
本季度流失/风险客户	本季度已流失或有风险的总金额	预判本季度最坏的收入情况
各阶段客户分布	不同阶段的客户数量	查看客户旅程的分布
平均净推荐值得分	所有客户的平均净推荐值得分	评估总体客户体验得分
由客户成功经理管理的账户和年度经常性收入合计	不同的客户成功经理所负责的账户和收入情况	了解各人的负载容量

按季度查看续费情况

本报告（图13.6）可以帮助客户成功经理团队领导了解每个季度的续费总收入。了解到期客户数量和续费金额是十分必要的。有些时候，可能在当前季度有很多到期客户需要续费，但总金额相对较小。由于客户总数较大，团队领导可能很少参与每一个续费流程。另一种情况是，某个季度的到期客户数量相对较少，但涉及的续费金额较大。在后一种情况下，团队领导将提前把握这个情况，从而更密切地参与到每一个高价值的客户续费中。

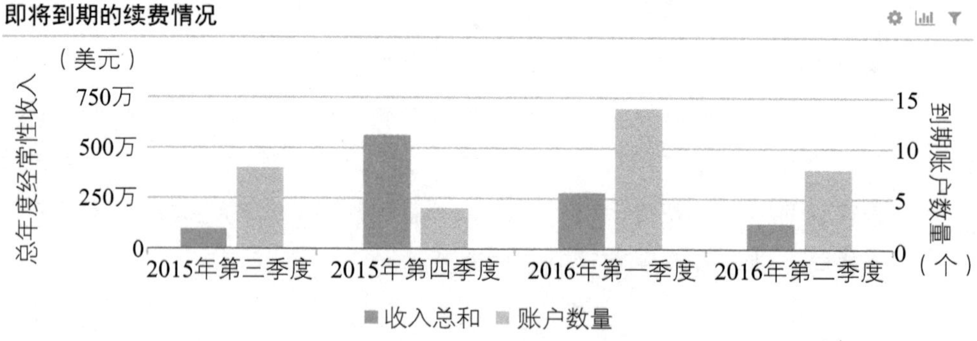

图13.6 按季度排布的续费情况

本季度有流失风险的客户

从续费报表进一步扩展，你可以根据客户健康评分了解当前季度中有哪些续费存在风险。如果你的模型准确，客户健康评分最终应该成为续费概率的指示器。当你将续费信息和客户健康合并到同一个视图中时（图13.7），你可以更容易地评估当前和未来季度中有多少续费收益面临潜在风险（图13.8），并提前对相关客户采取适当的行动。

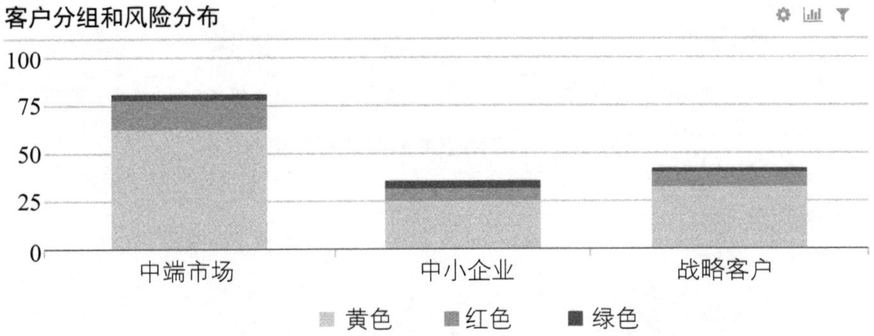

图13.7　按客户分组和健康评分（风险）划分的续费信息

有高流失风险的高ARR客户

客户名称	年度经常性收入	健康评分标签	客户成功经理
Yahoo	166 000.08美元	黄色	罗伯特·麦福德
Verison	1 560 00.00美元	绿色	莎莉·麦克菲尔德
Udemy	2 325 999.96美元	红色	莎莉·麦克菲尔德
Tom Fay	165 999.96美元	黄色	凯瑟琳·多西
TIBCO	151 200.00美元	黄色	科恩·戴利
Synnex 公司	110 000.04美元	红色	莱恩·安德森
StingRay 数码集团	113 400.00美元	黄色	塔拉·黑泽尔

第1页共1页　100　视图1-34/34

图13.8　有高流失风险的高ARR客户

处于不同生命周期阶段的客户

这个报告（图13.9）能够帮助领导者理解客户群体在不同生命周期阶段的分布。你将看到客户成功的工作对特定阶段的影响。如果客户长时间停留在一个特定的阶段，也需要引起重视。

客户净推荐值平均得分

这个报告（图13.10）给出了一段时间内客户净推荐值得分的趋势，你可以看看随着时间的推移客户对体验的感知是改善还是恶化。

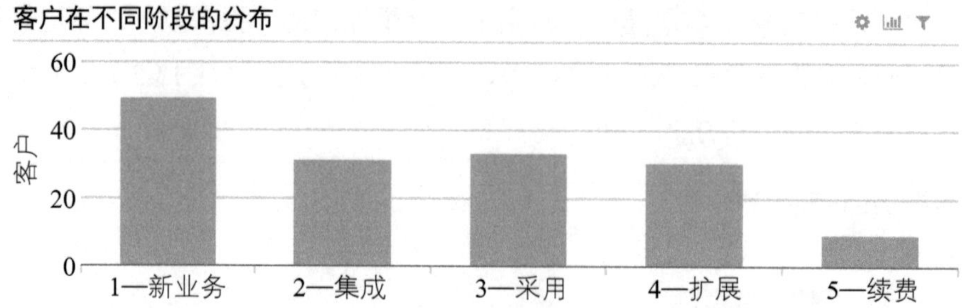

图13.9　不同生命周期阶段的客户

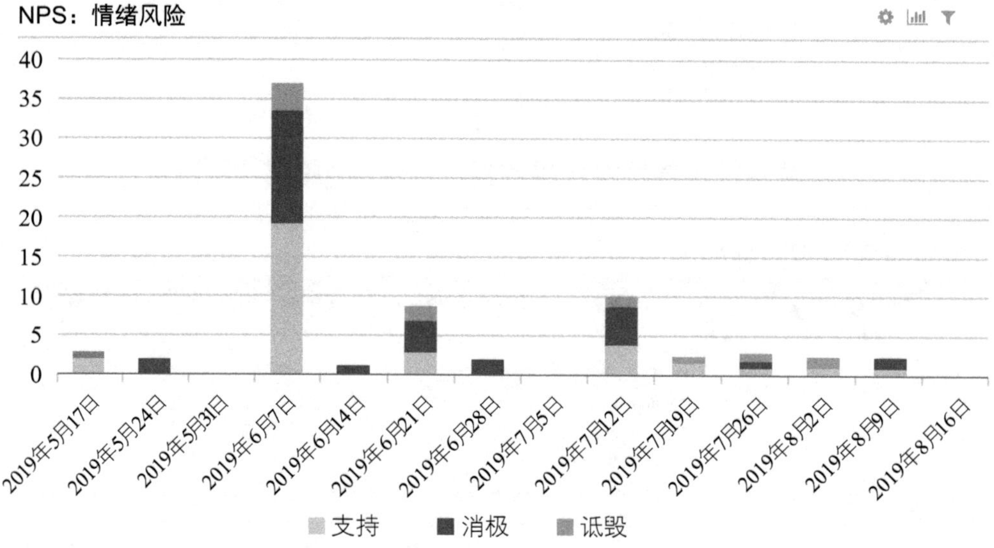

图13.10　随着时间推移的净推荐值得分

客户成功经理负责的账户和年度经常性收入

这个报告（图13.11）展示了某些客户成功经理是否比其他客户成功经理有更高的负荷，它将帮助你决定未来的负载规划。它还有助于了解某些客户成功经理是否在特定的生命周期阶段或者健康分区内有更多的客户，这意味着在某个时间点，工作负载会增加。

***

作为客户成功团队的领导者，这一章的目的是给你一些工具，用来思考如何根据客户需求和团队具备的技能来最好地组织团队。本章还向你展示了如何激励客户成功经理来遵循正确的行为，以及如何通过创建仪表盘和图表来管理团队。不要犹豫，将这些工具以最适合你的组织的方式进行定制吧。在你前进的过程中，你会找到一些方法来帮助你为客户成功经理设计最佳的职业路径，以及衡量职业发展的框架。

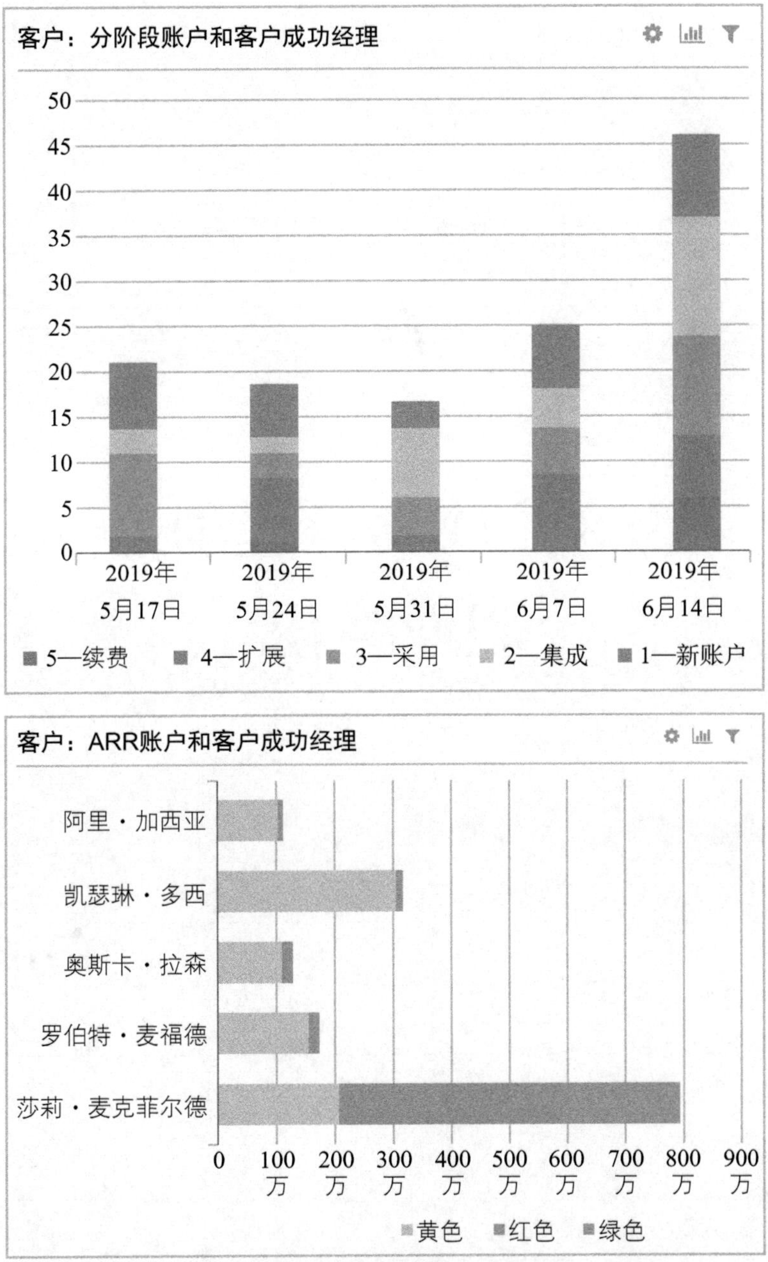

图13.11　客户成功经理管理的账户分布（单位：美元）

14

为客户成功经理创造职业路径

在前一章中，我们讨论了对多种“类型”的客户成功经理的需求。根据每个客户的需求，我们对这些团队成员的角色有不同的技能要求和期望。我们相信这个主题不仅值得开启单独的章节，也值得邀请单独的作者。为此我们询问了纳达夫·谢姆托夫（Nadav Shem-Tov），他是Gainsight的员工成功 – 客户成功的主管。自从加入Gainsight大家庭以来，他已经从战略上涉足了我们公司的各个岗位，这得益于他对客户成功的了解，以及他为客户成功经理创建职业路径的基础框架的能力。他也担任过客户成功经理和客户成功总监。还有谁比为我们做这件事的人更能让你了解客户成功的职业路径呢?

把客户成功当作职业来设计

纳达夫·谢姆托夫

当我们在Gainsight建立和扩大客户成功组织时，我们遇到了一些围绕“职业路径”这个问题的挑战。随着客户成功经理获得角色经验，他们希望看到一条轨迹，能够反映他们的能力和渴望挑战的新事物。他们中的一些人想继续在客户成功经理的岗位上变得更加精专，其他人则有担任管理职能的抱负，有些人甚至把目标设置为成为最高管理层。无论个人的目标是什么，每个客户成功团队的成员都希望他们的角色需求和期望更加清晰。他们还想知道，随着未来的成长，他们的角色会发生怎样的变化。我们发现，为客户成功团队提供一条职业路径是必不可少的。在这里分享我们的方法，它是根据我们的需要调整过的人力资源（也称为人力团队）方面许多最佳实践的集合，希望能帮助你在一个快速发展进化的行业中获得和留住顶尖人才。

制定职业发展路径包括在客户成功团队中开发统一的框架来组织不同的工作或角色。首先，根据具体技能、期望、头衔和薪酬结构，将他们划分为不同的级别。制定这样的框架可以促进与团队成员开展有意义的职业对话，并确保客户成功经理有清晰的路径来继续成长和发展职业生涯。如果这个框架一致且目标明确，它将推动你的工作，以确保团队成员们感觉自己对职业生涯有了清晰的认识，以及如何才能达到下一个层级。这个框架同样也可以促进形成多样化和包容的环境，使其更加一致和薪酬平等。

基于客户成功职能创造职业路径

为制定职业路径而创建全面的框架似乎是一项艰巨的任务，但根据我们的经验，正确的方法是及早开发一种简单的框架，然后随着时间的推移对其进行改进。好消息是，现在一些公司会指定某些人力团队的成员与客户成功团队一起工作——通常被称为人力资源业务伙伴。你需要与人力资源领导密切合作，以确保他们理解这一迅速发展的职业的微妙之处。我们将在这里与你分享我们创造职业道路的蓝图。

步骤1：定义组织中不同的客户成功职位

第一步是定义客户成功组织中存在的不同工作。通常，在客户成功组织中至少有两种类型：独立客户成功经理和客户成功经理的管理者。

在较大的组织中，可能存在其他有特殊定义的客户成功经理角色类型。客户成功架构师就是一个例子。比起传统的客户成功经理，这项工作本质上要求具备更多的技术性。另一个例子是客户成功运营经理，他更关注战略、运营和赋能，而不是直接负责客户管理。

客户成功经理的工作基于不同的客户细分也有区别。以负责中小企业与大型企业的客户成功经理为例进行对比，它们应该被看作是完全独立的工种，还是同一角色中的不同级别，取决于每份工作类型的独特性。更具体地说，是担任这些工作所需要的技能。例如，中小企业客户成功经理和大型企业客户成功经理需要相似的技能，但大型企业客户成功经理必须更优秀地掌握它们。我们将在本章中做进一步解释。

步骤2：为每个工种创建不同的级别

定义了不同的客户成功经理类型之后，就该确定它们的不同级别了。职位级别描述了对特定角色的期望及其影响力和所需要的资历。许多常用的职业级别框架为独立客户成功经理指定了6个级别。对于管理或领导角色，如客户成功总监或主管，职业级别框架会有更多的级别，通常是8级。这个数字应该考虑到客户成功组织中的整体管理级别范围：从新兴的客户成功主管开始，直到首席客户官。

假设你为客户成功团队定义了两个不同的工种：独立客户成功经理和客户成

功经理管理者。你有必要为每一项工作或“成长轨迹”制定清晰、明确的层次，最好包括具体的职责、范围、头衔、经验和技能要求。这些区别将为你的团队中的潜在角色创建一张清晰透明的地图。（见表14.1和表14.2）

在上面的例子中，有必要创造两条独立的职业轨道（专业线和管理线）。这为那些想从技术/客户技能的角度专门从事实际的客户成功经理工作的人，以及其他寻求管理职位的人开辟了职业发展轨迹。

应努力确保每一层级的客户成功工作都与当前市场上的薪水和总薪酬挂钩，这些数据会因地理位置的不同而有所不同。如果现有的框架是基于标准方法而存在的，请确保你的层级定义与一般的市场定义保持一致。这对于确保使用正确的数据进行基准评估（比如薪酬激励）非常重要。然而需要预先提醒的是，即使是市面上普遍应用的工资基准报告，对于评估新兴的客户成功职业也不成熟。它们可能无法恰如其分地映射到客户成功岗位，所以需要人力团队一起调整正确的薪酬范围。

另外，考虑到人才战略和客户成功组织模型，你可能不需要在你的组织中设置所有的级别。客户成功经理在每个级别的实际职位数量取决于组织设计、产品复杂性、行业成熟度、业务模型和预算等因素。

第三步：确定每个工种所需的关键技能

一旦确定了工种和级别，就必须清楚地了解所需要的关键技能。这些技能将推动不同工种的客户成功经理取得成功。每个工种的基本技能应该是相同的，但是随着层级的提升，会有越来越多的期望或要求，具体参见表14.2。这些技能应该包括第三章中描述的三个客户成功核心能力的组合：掌握知识、解决问题和与客户建立关系。我们建议从为每个客户成功经理工种定义五项关键技能开始。这样能很好地权衡全面性和灵活性，同时又是易于消化的数量，便于与团队讨论和跟踪。

表14.1 客户成功经理（专业线）的职位级别

	层级1	层级2	层级3	层级4	层级5	层级6
头衔	客户成功专员	高级客户成功专员	客户成功经理	高级客户成功经理	客户成功总监	高级客户成功总监
职责	协助客户成功经理执行任务	协助客户成功经理并开始管理自己的客户	管理自己负责的领域	管理更具战略性的领域/更复杂的客户	管理战略领域的客户，兼其他团队成员的导师	管理情况最复杂的客户并被认为是行业的思想领袖
典型背景	应届毕业生，没有工作经验	处于事业起步期的员工	有经验的客户成功专业人士	经验丰富的/高级专业人士	非常高级的/经验丰富的专业人士	真正的专家

表14.2 客户成功经理（管理线）的职位级别

	经理层级1	经理层级2	经理层级3	经理层级4	经理层级5	经理层级6	经理层级7
头衔	客户成功团队主管	高级客户成功主管	客户成功团队经理	高级客户成功团队经理	客户成功总监	高级客户成功总监	客户成功副总裁
职责	管理一小部分初级员工、团队，同时自己也是独立客户成功经理	管理一些员工，同时自己可能仍然是独立客户成功经理	管理完整的客户成功经理团队	管理一个更大的战略客户成功经理团队	管理多个客户成功经理团队，是二级主管，负责规划、战略优先级	管理多个客户成功经理团队，处理更复杂的战略、管理场景，完全为规划、战略优先级负责	负责监督整个跨越不同分组和工种的客户成功组织
典型背景	管理新手	初级经理，同时也是独立客户成功经理	有经验的经理	已经担任过一段时间，有成功管理经验	高级经理，具备战略/执行技能	已经证明自己作为总监的能力	具备高管水平

在列出特定工作所需的技能清单时，你应该在过于具体和过于笼统之间找到平衡。很明显，我们需要一个涵盖工作核心要求的综合技能集合。然而，你还必须强调你所知道的能够使客户成功经理在团队中成功的具体行为和细微差别。

以下是一些战略或大型企业客户成功经理所需的关键技能：

- **领域专长：**利用我们的标准方法论，在行业最佳实践方面达到专家水平，并将其应用于客户的场景中。
- **产品和客户场景的专业知识：**在所支持的产品上达到专家水平，能够确定如何为客户解决关键应用场景和挑战。
- **解决问题：**积极管理和掌控工作过程，推动预期的成果；使用假设驱动的方法来覆盖和解决关键客户问题，并通过关注最重要的事情来确定工作的优先级。
- **说明性方法：**使用说明性方法推动客户决策，并使关键利益相关者采取行动，包括在需要时挑战客户以改变前进路线。
- **跨职能协作：**与其他队友和团队有效合作，推动客户和公司取得成果。

如果你的客户成功经理需要具备技术水平，或者人均管理更多的客户，这里有一些关键技能示例。注意，大多数都是相同的，产品和技术技能有细微差别：

- **领域专长：**利用我们的标准方法论，在行业最佳实践方面达到专家水平，并将其应用于客户的场景中。
- **产品和客户场景的专业知识：**在所支持的产品上达到专家水平，能够确定如何为客户解决关键应用场景和挑战。
- **技术能力：**通过配置产品或服务，来实现客户成果。
- **解决问题：**使用假设驱动的方法来覆盖和解决关键客户问题，并通过关注最重要的事情来确定工作的优先级（80/20法则）。
- **说明性方法：**使用说明性方法推动客户决策，并使关键利益相关者采取行动，包括在需要时挑战客户以改变前进路线。
- **跨职能协作：**与其他团队有效合作，推动客户和公司取得成果。

第四步：将关键技能映射到每个职位和级别

现在我们已经清楚地定义了客户成功相关的工作技能，下一步就是将它们应用到每个工种的具体级别上。当提升层级时，一定要对掌握每一项技能的水平建立不断增长的期望。表14.3提供了一个三层的客户成功经理工作框架和相关技能期望的示例。

表14.3　不同工作级别映射的核心技能示例

	客户成功经理级别3	客户成功经理级别4	客户成功经理级别5
关键技能5：说明性方法	• 通常能理解关键客户的利益相关者及其影响力和决策权 • 将与客户互动的重点放在驱动行为与后续跟进上 • 为客户提供规范性的指导，即使这与他们当前的观点或方法不同，拥有挑战者心态；有时可能仍然需要一些主管的支持和指导	• 有很强的能力可以识别关键客户的利益相关者及其影响力和决策权，包括在他们并不明朗的领域中 • 将与客户互动的重点放在驱动行为和后续跟进上，并且能够影响客户和他们的后续行动 • 为客户提供强有力的说明性指导，即使它不同于他们当前的观点或方法，拥有挑战者心态；知道何时以及如何利用其他外部联系人	• 是识别关键客户利益相关者及其影响力和决策权方面的专家——能够快速和有效地评估和分析他们，并在最复杂和模糊的情况下也能掌握影响力地图的底层 • 将与客户互动的重点放在驱动行为和后续跟进上，并且能够影响客户和他们的后续行动 • 为客户提供强有力的说明性指导，即使它不同于他们当前的观点或方法，拥有挑战者心态，即使在最敏感和最具挑战性的情况下也能够带领和指导其他团队成员应对具有挑战性的客户情况

用清晰的术语列出技能，并使客户成功团队成员能够较便捷地获取它们，这将有助于推动有意义的对话，比如，“我更适合哪条职业路径或对哪条职业路径更感兴趣，专业线或者是管理线？”“我要想在客户成功职业生涯中达到下一个层次，应该掌握哪些必要技能？”以及“我该如何发展这些技能？”

第五步：向你的团队展示

现在是最后一步：推出这种方法，并将其持续应用在员工生命周期中。这听起来可能很简单，但是正如大家所知道的那样，发布和变更管理是一项反复和费力的过程。

在向客户成功团队引入一个新的职业路径框架时，需要考虑以下方面：

- 确保团队中的所有成员都非常熟悉这个框架的细节和细微差别。如果客户成功团队被很好地告知了，他们就会相信这个流程对他们有效。

- 重要的是要记住，虽然职业路径为客户成功经理的潜在轨迹和职业发展提供了良好的路线图，但一个人的能力提升取决于多种因素，比如个人对工作所需技能和水平的掌握程度，并基于团队中特定工作和级别的可用性与实际的组织需求，这是由你的人才战略、预算和劳动力计划的实践而决定的。某个人拥有成为经理所需的技能，并不意味着就要在团队内增设一个管理岗位。你可以将个人为达到下一个层次而掌握预期的技能设为必要的，但是必须有与之所匹配的业务需求才能进行提拔。
- 理想情况下，你的计划和人才战略应该允许你为职业路径和个人工作水平的提升制定粗略的时间表。例如，客户成功经理从级别3提升到级别4需要12~24个月的时间。当然，这取决于你所在公司的特殊情况。

进行全面的人才评估

在职业发展、晋升和绩效方面，我们建议你定期进行一次人才评估，系统地评估你现有的人才库，并制订相应的行动计划。许多公司都有全公司范围的相应流程。即使你的公司没有，你也绝对可以在你的客户成功团队中推出它。

人才评估中使用的一个常见框架是Mckinsey & Company和General Electric（GE）在20世纪70年代开发的九宫格人才模型（图14.1），现在已有很多版本和解释。其核心是，它帮助你将团队中的所有人员划分到两个坐标轴上：他们在当前角色中的表现，以及他们对组织的未来/潜在贡献水平。横轴和纵轴可能有很多种命名方式，但我们喜欢把它们分别称作表现和可发展性。

虽然九宫格人才模型在公司内部对排布各种战略人员计划特别有用，但你也可以在你的团队中使用它的版本之一来推动晋升、绩效和发展决策。

要在你的团队中启动人才评估程序，我们建议你遵循以下步骤：

1. **确定组织中使用的确切框架**。特别是确定将为此过程使用哪些因素，以及相关的评估标准是什么。定义的标准越具体，就越有可能把那些可能影响评估的无意识和无关的偏见降到最低。具体来说，你应该利用前文第四步中的工作成果，并将个人水平的具体技能期望作为表现的衡量标准。

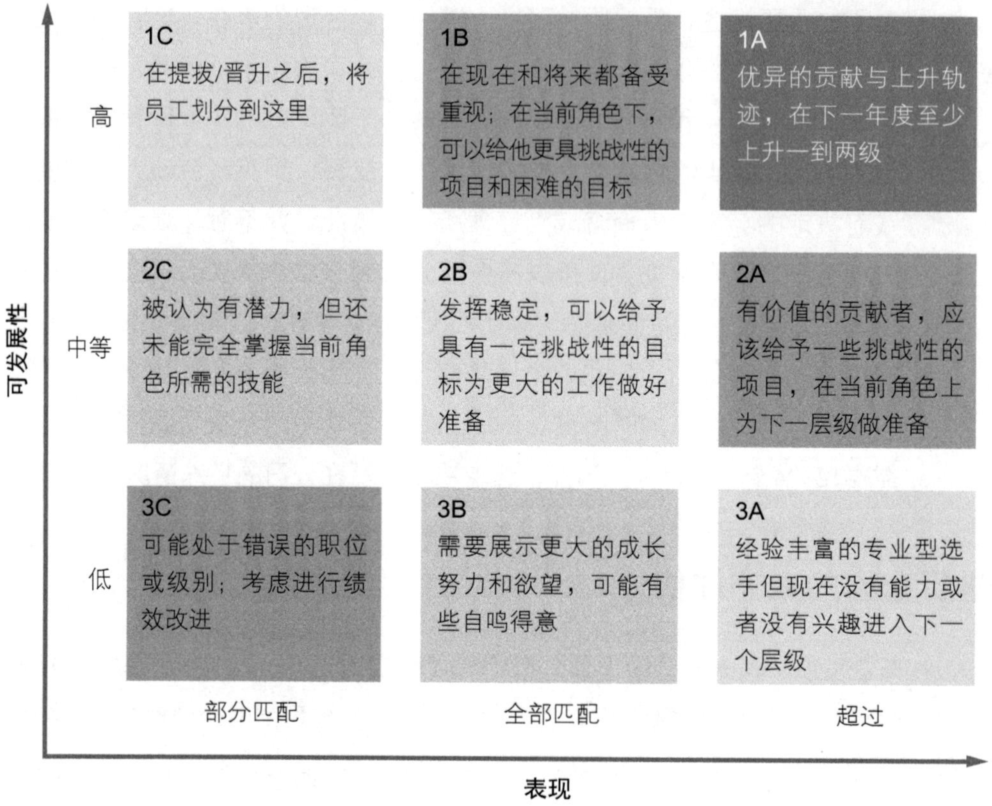

图14.1　九宫格人才模型

2．**通过这两个因素来评估团队中的每个人。**这意味着你或这些人的直属上级应该对他们的表现进行评级。例如：部分匹配，全部匹配，超过；以及对可发展性的评分，如低、中、高。

3．**在管理层中校准这些评估。**这是确保评估与组织内其他领导意见一致的重要步骤。如果这一步做得正确，还可以减少或至少暴露出可能妨碍最初评估的常见偏见。

4．**将校准结果匹配在九宫格中。**在一张视图上获取整个人才库的信息（参见图14.1）。

5．**根据人才测评结果采取行动。**将人员定位至特定区域意味着接下来应该有序地采取相应的具体行动。职位定位可用来帮助判断个体是否为升职做好了准备。例如，在图14.1中，1A区的雇员应该在下一年内获得晋升，在2B区的员工通常至少还需要一年才能获得晋升。除非你和团队用它来制订具体的行动计划，否则整个过程就是徒劳的。

- 个人成长或晋升计划在九宫格的右边。
- 个人绩效和发展计划在左边。

6. **定期重复**。我们建议你每年执行两次完整的流程，每季度进行一次较小的刷新。

创建不同职能之间的职业路径

你绝对应该从上述客户成功职能中为客户成功经理创造职业路径开始着手做。不过有一些最先进的公司认为客户成功人才库更具有战略意义，既将其视为其他职能人才的消费者，也将其视为公司其他组织的顶级人才提供者。

作为客户成功领导者，你肯定知道新加入公司的客户成功经理痛苦的上升周期——新入职的客户成功经理需要一段时间来学习他所需要了解的关于公司的一切，如何在公司“做事”、你的产品、你的客户成功工作流程。通常情况下，这段时间似乎显得过长，特别是当你还有客户没有被分配到新的客户成功经理时。是否有一种方法可以缩短这个上升周期呢?

答案可能是依赖于内部人才。这听起来似乎是常识，但客户成功领导在招聘时经常从外部寻求帮助而忘记考虑公司内部。鼓励员工从其他部门转岗到客户成功团队可能是一种不错的策略，因为这可能会减少新人学习公司运营方式和产品的时间。

作为着手开始做的建议，可以将你为不同的客户成功工种（在本章的开头）所定义的必备技能，与公司中其他那些也需要或辅助发展相同技能的岗位进行对比。对于客户成功经理岗位，我们建议考虑销售开发代表（SDR）、客户支持、客户经理或续费商务代表、解决方案顾问、项目经理和业务分析师等角色。

一旦你确定了一些可以为你的客户成功工作提供良好的备选人才的职位，你可以与这些小组的领导和人力团队一起开发一个项目，用于鼓励其过渡和流动到客户成功职位。当你开发类似项目时，可以考虑如下内容：

- **里程碑**。在哪些具体的里程碑或时间点，员工将可以考虑客户成功经理职位？例如，在作为销售开发代表工作18个月之后，可以申请客户成功经理角色。

- **过程和决策标准**。一旦内部候选人达到标准，面试和评估的流程是什么？评估的决策标准是什么？过渡流程将会是什么样子？
- **技能发展**。好的项目还应该建立为感兴趣的人提供正式和非正式的学习与发展机会来弥补技能差距的机制。例如，一个销售开发代表可能拥有成为客户成功经理所需的5项关键技能中的3项，则这些项目可以包括正式的补充课程或更多非正式的指导内容。
- **定位**。你将如何在公司其他部门建立客户成功职业路径的意识？对于目前从事其他工作的人来说，如何将客户成功作为一个可靠的职业选择来进行宣传推广？

结论

我们共同的旅程正在走向尾声，但它肯定没有结束。我们只谈及了日益增长的客户成功最佳实践、各种策略、实用技巧、管理和操作框架的表面，在全球范围内这些框架每天都在更新和改进。你已经从许多了不起的声音和经验丰富的领导者那里听到了他们在这个领域的见解和实际经验。

我们了解到，客户成功诞生于一个关键的断层，是由软件转向云计算和订阅经济的出现造成的。没有哪个职能负责确保客户达到了他们的期望。更重要的是，没有人最终负责确保客户持续选择你，并从你那里购买更多的产品。客户想要有保证的结果和良好的体验。

客户成功经理的角色被推到了这场商业革命的中心，成为为客户驱动价值的合格个体。这个新生职业包含了以前分散在许多不同工作职能上的能力和专业知识的新集合。有趣的是，几乎没有人预料到，这个新的客户成功经理角色，由于其具有影响力的职责范围和高水平的客户关系，将成为职业快速晋升的最佳催化剂——真正的全员成功。

客户成功是一个非同一般的和能够带来回报的职业。当你帮助别人成功和业务成长时，你会体验到一种真正的快乐。如果你有远大的抱负，喜欢与人打交道，喜欢解决问题和复杂的挑战，客户成功经理可能非常适合你。不过，准备好迎接挑战吧！成为客户成功经理并不容易。这份工作需要不懈的努力，需要你为每一位客户提供卓越的体验。如果你是客户成功的新手，我们希望这本书能给你指明方向，让你成为出色的客户成功经理。

作为客户成功团队的领导者，你的工作也非常具有挑战性，你要为你的客户成功团队提供正确的方向，为他们在日常工作中清除障碍，并成为推动他们长期职业生涯的合作伙伴。我们衷心希望书中的框架、示例流程和工作描述能让你的工作更容易一些，从而更好地吸引和留住优秀人才。

最后，客户成功的核心是人类的努力。在这段旅程中，我们并不孤单。当你在事业上取得快速进步时，我们恳请你回报客户成功社区。我们期望你能分享你所学到的，找一个刚进入客户成功行业的新人，讲述你的成功故事，并传达你的热情。你可以加入本地和线上的客户成功社区团体，分享你的挑战和新想法。你也可以写博客，传播你学到的知识，与同行们一起成长。通过共同努力，我们可以提高每个人的水平，让他们受益于一个更有效的客户成功专业人士社区的积极影响。我们祝你成功！